Sofie Melis

LEVE de vakantie! NEU

Niederländisch für die Reise | Für Einsteiger

Kursbuch mit Audios online

Hueber Verlag

Der kostenlose MP3-Download zum Buch, die App und der Lehrerleitfaden sind unter **www.hueber.de/reise** erhältlich.

Autorin und Verlag danken **Herrn Daniel Krasa** für die Konzeption der Reihe und **Frau Desiree Dibra** für die sprachliche Durchsicht.

3. 2. 1. | Die letzten Ziffern
2024 23 22 21 20 | bezeichnen Zahl und Jahr des Druckes.
Alle Drucke dieser Auflage können, da unverändert, nebeneinander benutzt werden.
1. Auflage

Umschlaggestaltung: Sieveking · Agentur für Kommunikation, München
Layout und Satz: Sieveking · Agentur für Kommunikation, München
Verlagsredaktion: Jürgen Frank, Hueber Verlag, München
Druck und Bindung: Passavia Druckservice GmbH & Co. KG, Passau
Printed in Germany
ISBN 978-3-19-037243-0

Art. 530_26510_001_01

Vorwort

Liebe Leserin, lieber Leser,

Sie sind Sprachanfänger und spielen mit dem Gedanken, Niederländisch für die Reise zu lernen? Dann ist unser Sprachkurs *Leve de vakantie! Neu* genau das Richtige für Sie. *Leve de vakantie! Neu* ist ein einbändiges Lehrwerk für Erwachsene, das unterhalb des Niveaus A1 angesiedelt ist. *Leve de vakantie! Neu* bietet einen entspannten und unterhaltsamen Einstieg in die niederländische Sprache. Dabei konzentrieren sich die Inhalte auf das, was Sie für die sprachliche Bewältigung der wichtigsten Reisesituationen benötigen.

Die zwölf Lektionen, die jeweils eine Unterrichtseinheit abdecken, haben einen klaren Aufbau und in den Übungen trainieren Sie die Redewendungen und den Wortschatz auf abwechslungsreiche Weise. Auf eine Vertiefung der Grammatik wurde bewusst verzichtet, Grammatikliebhaber können aber im Anhang in einer systematischen Grammatikübersicht die wichtigsten Strukturen und Regeln nachschlagen. *Leve de vakantie! Neu* vermittelt darüber hinaus interessante Einblicke in die Alltagskultur der Niederlande und Flanderns. Flämische Sprachvarianten werden folgendermaßen angegeben: de bioscoop[1] → **VLAAMS** [1] de cinema bzw. in den Wortschatzlisten durch das Symbol **VL**.

Nach Lektion sechs und zwölf können Sie in zwei Tests Ihren Kenntnisstand überprüfen. Im Anhang befinden sich zusätzlich zu dem Grammatiküberblick die Lösungen der Übungen sowie ein alphabetisches Wortschatzverzeichnis Niederländisch – Deutsch.

Jede Lektion beginnt mit einer kurzen Übung, die in das jeweilige Thema einführt und Ihr Vorwissen aktivieren soll. Es folgen zwei Dialoge zu den wichtigsten Situationen einer Reise. Die in den Dialogen vorkommenden Redewendungen und Satzmuster werden in der Rubrik „Worauf es ankommt" erläutert und in der Randspalte übersichtlich zum Lernen dargestellt. Zur Sicherheit bieten wir die deutsche Übersetzung sämtlicher Dialoge in den Lösungen im Anhang. Unter dem Motto „Ein bisschen Grammatik" werden einige für das Verständnis wichtige Grammatikstrukturen behandelt. Neben jeder Dialogseite finden Sie eine Übungsseite („Oefeningen"), wo Sie das soeben Gelernte selbst anwenden können. Geübt werden insbesondere Aussprache („Verständnis und Aussprache"), Hörverstehen („Hören und verstehen") sowie die sprachliche Eigenproduktion. In der Rubrik *Het belangrijkste in één oogopslag* („Das Wichtigste auf einen Blick") sind nochmals alle Redemittel der Lektion übersichtlich zum Lernen und Sichselbsttesten zusammengestellt. Abgeschlossen wird jede Lektion durch zwei informative Seiten in niederländischer Sprache zum Thema Landeskunde mit nützlichen Hintergrundinformationen und interessanten Porträts von einigen Städten und Regionen in den Niederlanden und in Belgien. Die deutsche Übersetzung dieser Landeskundetexte finden Sie im Anhang. Für die Ansprache haben wir die im Deutschen übliche Sie-Form gewählt, im Niederländischen wird die Du-Form verwendet.

Die Dialoge, Aussprache- und Hörverständnisübungen sowie die Rubrik *Het belangrijkste in één oogopslag* sind als kostenloser MP3-Download verfügbar. Die vertonten Texte sind im Buch jeweils mit dem Symbol ▶ gekennzeichnet. Die Zahl neben dem Symbol gibt die Nummer der zugehörigen Audio-Datei an. Mit unserer kostenlosen Augmented-Reality-App können Sie mithilfe von Smartphone oder Tablet unkompliziert und schnell auf die Audio-Dateien zugreifen: Beim Scannen der Buchseite erscheinen Icons für die einzelnen Audio-Dateien. Durch Antippen der Icons spielen Sie die Dateien dann direkt in der App ab. Den kostenlosen MP3-Download, die App sowie weitere Informationen und Hinweise – speziell für die Kursleitenden – finden Sie im Internet unter: **www.hueber.de/reise**

Zusätzlich zum Buch bieten wir alle Sprachaufnahmen auch auf einer Audio-CD an (ISBN 978-3-19-327243-0).

Wir wünschen Ihnen viel Vergnügen, Erfolg und vor allem *Goeie reis!* – Gute Reise!
Autorin und Verlag

Inhalt

Kurssprache Niederländisch

1 Was sagt der Kursleiter / die Kursleiterin?

Begrijpt u? / Heeft u begrepen?
Verstehen Sie? / Haben Sie verstanden?

Kunt u / Kun je alstublieft lezen?
Können Sie / Kannst du bitte lesen?

Bent u klaar?
Sind Sie fertig?

Tot volgende week!
Bis nächste Woche!

Open het boek op bladzijde ...
Öffnen Sie das Buch auf Seite ...

2 Wie sage ich es im Kurs?

Leider kann ich nächstes Mal nicht kommen.
Sorry, maar volgende keer kan ik niet komen.

Ich weiß es nicht.
Ik weet het niet.

Ich verstehe es nicht. / Ich habe es nicht verstanden.
Ik versta het niet. / Ik heb het niet verstaan.

Welche Übung sollen wir machen?
Welke oefening zullen we maken?

Können Sie / Kannst du es an die Tafel schreiben?
Kunt u / Kun je het op het bord schrijven?

Ich bin noch nicht fertig.
Ik ben nog niet klaar.

Ich habe eine Frage.
Ik heb een vraag.

Können wir die CD bitte noch einmal hören?
Kunnen we de cd alstublieft nog een keer beluisteren?

Können Sie / Kannst du bitte langsamer sprechen?
Kunt u / Kun je alstublieft langzamer spreken?

1

Erste Kontakte – Eerste contacten

Schon längst bekannt, nicht wahr?

So ein bisschen Niederländisch kann doch jeder. Sicherlich haben Sie die eine oder andere der folgenden Floskeln schon mal gehört. Können Sie ihnen jeweils die richtige deutsche Übersetzung zuordnen?

1. Goededag.	a. Wie geht's?
2. Tot ziens.	b. Hallo.
3. Hoi.	c. Danke.
4. Hoe gaat het?	d. Auf Wiedersehen.
5. Bedankt.	e. Tschüss.
6. Doei.	f. Guten Tag.

Fallen Ihnen vielleicht sogar noch weitere Redewendungen ein?

Was Sie in dieser Lektion lernen:
- wie man jemanden begrüßt und sich verabschiedet.
- wie man jemanden anredet und nach dem Befinden fragt.
- wie man jemanden vorstellt.
- wie man jemanden willkommen heißt.

Wereldtaal Nederlands
Niederländisch wird weltweit von ca. 24 Millionen Menschen gesprochen. Es ist Amtssprache in den Niederlanden, im Norden Belgiens (Flandern), in Surinam, Curaçao, Aruba und Sint Maarten.

Goeiemorgen! Hoe gaat het?

Hören Sie den Dialog und setzen Sie die fehlenden Wendungen ein. ▶ 1

aangenaam – goeiemorgen – tot ziens – bedankt

■ ____________________, meneer Müller.

● Ah, goeiemorgen, mevrouw De Vries! Hoe gaat het met u?

■ Heel goed, ____________________. En met u?

● Ook goed, dank u wel. Mag ik u mijn vrouw voorstellen?

■ Aangenaam.

▲ Leuk u te leren kennen.

■ En dit is mijn man.

◆ ____________________.

■ Sorry[1], maar daar is onze trein … Tot ziens.

● ____________________ en goeie reis!

VLAAMS [1] Excuseer (me/mij)

Herr & Frau

mevrouw …
Frau …

meneer …
Herr …

Das werte Befinden

Hoe gaat het met u?
Wie geht es Ihnen?

Hoe is het ermee?
Wie geht es Ihnen?

Heel goed.
Sehr gut.

(Met mij gaat het) goed.
(Es geht mir) gut.

(Met mij gaat het) ook goed.
(Mir geht es) auch gut.

Bedankt.
Danke. / Vielen Dank.

Dank je/u.
Danke (dir/Ihnen).

Dank je/u wel.
Danke schön.

Jemanden vorstellen

Mag ik u … voorstellen?
Darf ich Ihnen … vorstellen?

Dit is …
Das ist …

Daar is …
Da ist …

mijn vrouw/echtgenote
meine (Ehe-)Frau

mijn man/echtgenoot
mein (Ehe-)Mann

Worauf es ankommt

Begrüßung formell
Tagsüber: goedemorgen *(guten Morgen)*, goedemiddag *(wörtlich: guten Mittag)* oder allgemein goededag *(guten Tag)*, nach Sonnenuntergang: goedenavond *(guten Abend)*. Sämtliche Begrüßungsfloskeln gibt es auch in der etwas informelleren Form: goeiemorgen, goeiemiddag, goeiedag, goeienavond.

Verabschiedung formell
Tot ziens *(auf Wiedersehen)*. Zusätzlich: Wünsche wie goeie reis *(gute Reise)*, een fijne dag *(einen schönen Tag)*, een prettige avond *(einen schönen Abend)*, een mooie wandeling *(einen schönen Spaziergang)* oder veel geluk *(viel Glück)*.

Sehr erfreut!
Lernt man jemanden kennen, sagt man aangenaam *(sehr erfreut)*. Die Antwort ist Leuk u te leren kennen. *(Freut mich, Sie kennenzulernen.)* oder in Belgien auch Insgelijks. *(Es ist mir ebenfalls ein Vergnügen.)*.

Ein bisschen Grammatik

Man unterscheidet im Niederländischen männliche, weibliche und sächliche Hauptwörter. Die bestimmten Artikel heißen de für männliche/weibliche und het für sächliche Hauptwörter.

de man	der (Ehe-)Mann
de vrouw	die (Ehe-)Frau
het kind	das Kind

Aussprache

- **g** wie **ch** in „Nacht", z. B. gaat
- **s** stimmlos wie **s** in „dass", auch am Wortanfang, z. B. reis, sorry[1]
- **z** stimmhaft wie **s** in „Sommer", z. B. tot ziens
- **oe** wie **u** in „gut", z. B. hoe
- **u** wie **ü** in „Tür", z. B. dank u
- **ou** wie **au** in „Frau", z. B. jou
  Am Wortende folgt auf **ou** oft ein **w**, das aber nicht gesprochen wird, z. B. vrouw
- **au**: gleich wie **ou**, z. B. gauw

Oefeningen

1 Verständnis und Aussprache

Verständnis und Aussprache sind das A und O beim Sprachenlernen. ▶ 2
Hören Sie gut zu und sprechen Sie die folgenden Sätze nach.

1. Goeiedag.
2. Hoe gaat het?
3. Goed, dank u wel.
4. En hoe gaat het met u?
5. Leuk u te leren kennen.
6. Tot ziens.

2 Welche Antwort passt?

Hier macht nur eine Erwiderung Sinn. Wissen Sie, welche?
Gut, dann spielen Sie das mit Ihrem Tischnachbarn einmal durch.

1. Goedenavond.
   a. Goeienavond.
   b. Bedankt en met u?
2. Hoe gaat het met u?
   a. Aangenaam.
   b. Heel goed, bedankt.
3. Dit is mijn vrouw.
   a. Tot ziens.
   b. Leuk u te leren kennen.
4. Hoe is het ermee?
   a. Goed, dank je.
   b. Ook goed.

3 Bitte einsetzen

Setzen Sie die Ausdrücke 1–6 in den Beispielsatz ein.

Mag ik u ... voorstellen?

1. mijn vrouw
2. mijn man
3. mijn verloofde
4. mijn vriendin
5. mijn vriend
6. mijn kind

mijn verloofde = mein(e) Verlobte(r)
mijn vriendin = meine Freundin
mijn vriend = mein Freund

4 Was passt zueinander?

Finden Sie die deutsche Entsprechung jedes niederländischen Satzes?

1. Goededag.
2. Tot ziens.
3. Niet slecht.
4. Met mij gaat het ook goed.
5. Het gaat goed met mij, bedankt.
6. Aangenaam.

a. Nicht schlecht.
b. Es geht mir gut, danke.
c. Sehr erfreut.
d. Auf Wiedersehen.
e. Mir geht es auch gut.
f. Guten Tag.

5 Bitte nachspielen

Spielen Sie jeweils zu zweit den Dialog auf Seite 8 nach und improvisieren Sie mit den Ihnen bekannten Wörtern und Floskeln.

- ■ Goeiemorgen, meneer Visser, hoe gaat het?
- ● Goed, bedankt. En met u?
- ■ Met mij gaat het ook goed.

Hoi, hoe is het met jou?

Hören Sie den Dialog. Wer ist Willem? ▶ 3

- ● Hoi Mieke, hoe is het met jou?
- ■ Hallo Markus! Goed, dank je. En met jou?
- ● Nou ja, niet zo goed: ik ben enorm moe ...
- ■ Oei, wat vervelend! Mag ik je mijn vriend Willem voorstellen?
- ◆ Hallo.
- ● Dag Willem.
- ■ En wie is jouw vriendin?
- ● Dit is Susanne.
- ■ Welkom in Amsterdam, Susanne!
- ▲ Dank je wel.

Worauf es ankommt

Begrüßung & Verabschiedung unter Freunden
Hoi, dag oder hallo (alle: *hallo, grüß dich*). Zu mehreren jungen Leuten: hoi jongens/meiden. Für die Verabschiedung verwendet man dag/daag, doei oder doeg *(tschüss)*, alternativ: tot zo *(bis gleich)*, tot straks *(bis nachher)* oder tot gauw *(bis bald)*. In manchen Regionen in den Niederlanden wird auch hoi zum Abschied benutzt.

Achtung
Anders als im Deutschen wird das Wort vriendin im Niederländischen am Ende betont.

Ein bisschen Grammatik

Für die Bildung der 1. Person Einzahl („ich") im Präsens (Gegenwart) nehmen Sie den Verbstamm (d. h. die Grundform minus -en/-n). In der 2. („du") und 3. Person („er/sie/es") hängen Sie einfach ein -t an. Dasselbe gilt für die Höflichkeitsform u.

ik wandel	ich gehe spazieren
ik stel voor	ich stelle vor
ik dank	ich danke
jij/je gaat	du gehst
hij maakt	er macht
zij/ze wandelt	sie geht spazieren
u stelt voor	Sie stellen vor

Wie geht's?
Hoe is het (met jou)?
Wie geht's (dir) denn so?
En met jou?
Und dir?
Met mij gaat het niet (zo) goed.
Mir geht's nicht (besonders) gut.

Was man halt so ist ...
Ik ben ...
Ich bin ...
moe
müde
gestrest[1]
gestresst
ziek
krank
Ik heb het druk.
Ich bin sehr beschäftigt.

VLAAMS [1] gestresseerd

Sorry!
Wat sneu/vervelend!
Wie ärgerlich!
Wat jammer!
Wie schade!
Het spijt me.
Es tut mir leid.

Jemanden vorstellen
Mag ik je ... voorstellen?
Darf ich dir ... vorstellen?
Ik stel jou ... voor.
Ich stelle dir ... vor.
mijn collega
meinen Kollegen
mijn baas/chef (m/w)
meine/n Chef/in
mijn broer
meinen Bruder
mijn zus
meine Schwester
mijn ouders
meine Eltern
welkom
willkommen

Oefeningen

1 Verständnis und Aussprache

Verstehen Sie die folgenden Sätze? Dann sprechen Sie sie bitte nach! ▶ 4

1. Hoi jongens.
2. Hoe is het met jullie?
3. Niet zo goed.
4. En hoe gaat het met jou?
5. Momenteel heb ik het enorm druk.
6. Tot gauw.

jullie = euch
momenteel = momentan

2 Bitte vervollständigen

Jeder stellt einem anderen jeweils zwei Leute vor. Entscheiden Sie, welchen der beiden Einführungssätze Sie brauchen.

1. Dit is mijn ...
2. Dit zijn mijn ...

a. man
b. broer
c. ouders
d. zus
e. collega's
f. vrouw
g. baas
h. vriendin
i. chef

3 Hören und verstehen

Hören Sie sich aufmerksam den Dialog an und beantworten Sie folgende Fragen. ▶ 5

1. Hoe gaat het met Paulien?
   a. Met haar gaat het goed.
   b. Met haar gaat het heel goed.
2. Is Tijs moe?
   a. Nee, hij is ziek.
   b. Ja, hij is moe.
3. Wie stelt Paulien voor?
   a. Ze stelt haar broer voor.
   b. Ze stelt haar zus voor.
4. Is Tom een vriend?
   a. Ja, hij is een vriend.
   b. Nee, hij is een collega.

4 Was passt zueinander?

Finden Sie die deutsche Entsprechung jedes niederländischen Satzes? Bitte abwechselnd mit dem Nachbarn durchgehen.

1. Hoi.
2. Hoe is het met jou?
3. Dat spijt me!
4. Het gaat niet goed met mij.
5. Ik ben moe.
6. En wie is dat?

a. Wie geht's dir?
b. Und wer ist das?
c. Hallo.
d. Ich bin müde.
e. Es geht mir nicht gut.
f. Das tut mir leid!

5 Bitte nachspielen

Spielen Sie den Dialog auf Seite 10 in Zweiergruppen nach und improvisieren Sie mit den Ihnen bekannten Wörtern und Floskeln.

■ Hoi Stefan, hoe gaat het met jou?
● Goed, bedankt. En met jou?
■ Niet zo goed: ik ben enorm moe.
...

Het belangrijkste in één oogopslag

Freunde & Verwandte ▶ 6

vrouw/echtgenote
(Ehe-)Frau

man/echtgenoot
(Ehe-)Mann

verloofde
Verlobte/r

partner
Lebensgefährte/in

vriendin
(feste) Freundin

vriend
(fester) Freund

zus
Schwester

broer
Bruder

kind
Kind

ouders
Eltern

Begrüßung und Verabschiedung

Goedemorgen. / Goeiemorgen.	Guten Morgen.
Goedemiddag. / Goeiemiddag.	*wörtlich:* Guten Mittag.
Goedenavond. / Goeienavond.	Guten Abend.
Goededag. / Goeiedag.	Guten Tag.
Hoi. / Dag. / Hallo.	Hallo. / Grüß dich.
Tot ziens.	Auf Wiedersehen.
Tot zo.	Bis gleich.
Tot straks.	Bis nachher.
Tot gauw.	Bis bald.

Wünsche

Goede reis. / Goeie reis.	Gute Reise.
Een fijne dag.	Einen schönen Tag.
Een prettige avond.	Einen schönen Abend.
Een mooie wandeling.	Einen schönen Spaziergang.
Veel geluk.	Viel Glück.

Sehr erfreut!

Aangenaam.	Sehr erfreut.
Leuk u te leren kennen.	Freut mich, Sie kennenzulernen.

Befinden

Hoe gaat het (met jou)?	Wie geht's (dir)?
Hoe is het (ermee)?	Wie geht's (Ihnen)?
Heel goed.	Sehr gut.
Niet slecht.	Nicht schlecht.
Zozo.	So lala.
Het gaat niet (zo) goed met mij.	Mir geht es nicht (besonders) gut.
Bedankt.	Danke. / Vielen Dank.
Dank je/u.	Danke (dir/Ihnen).
Dank je/u wel.	Danke schön.

Vorstellen

Mag ik u ... voorstellen?	Darf ich Ihnen ... vorstellen?
Mag ik jou ... voorstellen?	Darf ich dir ... vorstellen?
Dit is ...	Das ist ...

Was mir sonst noch wichtig ist

JIJ EN U

Wist je dat?

In het Nederlands wordt *u* en *jij/je* gebruikt zoals Duitsers „Sie" en „du" gebruiken. Over het algemeen is het zo dat oudere en onbekende personen met *u* (Sie) aangesproken worden (*u zeggen*). Personen die ongeveer even oud zijn of jonge personen worden met *jij/je* aangesproken (*jij zeggen*). De tendens gaat in het Nederlands steeds meer in de richting van het informele *jij*. Collega's spreken elkaar met *jij* aan, maar ook de chef of de directeur wordt vaak met *jij* aangesproken. In contact met klanten of dergelijke situaties gebruikt men liever eerst *u*. Meestal duurt het niet lang en dan spreekt men elkaar ook met het informelere *jij* aan. In België hoor je in de gesproken taal vaak *gij*, maar dat wordt in Nederland niet gebruikt. Daar klinkt *gij* heel oud.

Begroetingsceremoniën

Onder onbekenden is het ook in Nederland en België gebruikelijk elkaar een hand te geven. Kennissen, familie en vrienden geef je een kus op de wang, ofwel één of drie keer (links, rechts, links). Die kus geven mannen en vrouwen elkaar, of vrouwen en vrouwen; mannen kussen andere mannen in Nederland en Vlaanderen over het algemeen niet, maar geven elkaar een hand en met de vrije arm omarmen ze elkaar.

OP NAAR NEDERLAND EN BELGIË!

Een woordje vooraf

Gefeliciteerd! Je hebt de eerste les van deze cursus met succes beëindigd. Het duurt niet meer lang en dan ben je wat Nederlands betreft fit voor een verblijf in Nederland of België. Of je een van die buurlanden als cultuur- of Noordzeetoerist bezoekt, je kennis van het Nederlands kun je van Oostende tot Groningen gebruiken. Er zijn talloze mogelijkheden een onvergetelijke tijd door te brengen. De handelsgrootmacht uit de 17e eeuw heeft overal sporen uit deze gouden tijd nagelaten, maar ook de tegenwoordige tijd biedt veel. Klein, maar fijn!

Waar je ook in Nederland of België naartoe wilt, met je basiskennis van het Nederlands wordt je verblijf een succes! En wil je verder dan Nederland of België reizen, kun je je Nederlands ook in Suriname (Zuid-Amerika) en het Caribische gebied gebruiken. De eilanden Bonaire, Sint Eustatius, Saba, Aruba, Curaçao en Sint Maarten zijn namelijk een deel van het Nederlandse taalgebied. En ook het in Zuid-Afrika gesproken Afrikaans is gebaseerd op het Nederlands. Afrikaans is een eigen taal, maar als je Nederlands spreekt, kun je het zeer goed verstaan.

2

Sich kennenlernen – Kennismaken

Nicht immer ganz leicht!

Viele unserer Städte oder Bundesländer haben eigene niederländische Namen. Können Sie jedem seine deutsche Entsprechung zuordnen?

1. Berlijn	a. Rheinland-Pfalz
2. Keulen	b. Aachen
3. Aken	c. Wien
4. Rijnland-Palts	d. Bayern
5. Beieren	e. Berlin
6. Nedersaksen	f. Köln
7. Wenen	g. Basel
8. Bazel	h. Niedersachsen

Was Sie in dieser Lektion lernen:
- wie man die Nationalität, den Beruf, den Familienstand und den Namen erfragt und angibt.
- wie man fragt, ob jemand Kinder oder Geschwister hat.

Wichtige Ländernamen
België (Belgien), **Duitsland** (Deutschland), **Engeland** (England), **Frankrijk** (Frankreich), **Italië** (Italien), **Nederland** (die Niederlande), **Oostenrijk** (Österreich), **Spanje** (Spanien), **Zwitserland** (die Schweiz)

Welche Nationalität?
Bent u Nederlander/Nederlandse?
Sind Sie Niederländer/in?

Ben jij Nederlander/Nederlandse?
Bist du Niederländer/in?

Waar komt u vandaan?
Woher kommen Sie?

Waar kom jij vandaan?
Woher kommst du?

(Nee,) ik ben ...
(Nein,) ich bin ...

Duitser/Duitse
Deutscher/Deutsche

Oostenrijker/Oostenrijkse
Österreicher/in

Zwitser/Zwitserse
Schweizer/in

Ik kom uit ...
Ich komme aus ...

Ik woon in ...
Ich wohne in ...

Ik ga naar ...
Ich gehe/fahre nach ...

Welchen Beruf?
Wat is uw beroep?
Was sind Sie von Beruf?

Wat is je/jouw beroep?
Was bist du von Beruf?

Ik werk bij een bank.
Ich arbeite bei einer Bank.

Ik ben architect.
Ich bin Architekt.

Und der Familienstand?
Bent u getrouwd/gehuwd?
Sind Sie verheiratet?

Ben jij getrouwd/gehuwd?
Bist du verheiratet?

Aussprache
- **g** wie **ch** in „Na**ch**t" (in Flandern etwas weicher als in den Niederlanden), z. B. getrouwd
- **ch** wie **ch** in „Na**ch**t" z. B. architect oder wie **sch** in „**Sch**okolade", z. B. machine

Waar komt u vandaan?

Hören Sie den Dialog. Wo wohnt der Mann und was ist er von Beruf? ▶ 7

- Sorry[1], is deze plaats nog vrij?
- Ja hoor.
- Bedankt.
- Neem me niet kwalijk, maar u bent geen Nederlandse, of wel?
- Nee nee, ik ben Duitse. Uit Frankfurt. En u, waar komt u vandaan?
- Ik kom uit Maastricht, maar ik woon in Amsterdam.
- Een prachtige stad! Gaat u ook naar Antwerpen?
- Ja, voor mijn werk, ik ben architect. En wat is uw beroep?
- Ik ben secretaresse en werk bij een bank, maar nu ben ik op vakantie.
- En bent u alleen op reis?
- Nee, met mijn man!
- Ah, dus u bent getrouwd ...?
- Ja, en ik heb ook twee kinderen. En u, bent u getrouwd?

VLAAMS [1] Excuseer (me/mij)

Worauf es ankommt

Höflichkeitsfloskeln
Sorry[1] / neem me niet kwalijk (*Entschuldigung / verzeihen Sie [mir]*). Bedankt / dank u (*danke*) oder dank u wel (*danke schön*), darauf antwortet man: graag gedaan (*bitte, gern geschehen*) oder geen probleem (*keine Ursache*).

Herkunft
Ik ben ... (*Ich bin ...*): Duitser/Duitse (*Deutscher/Deutsche*), Nederlander/Nederlandse (*Niederländer/in*), Belg/Belgische (Belgier/in), Engelsman/Engelse (*Engländer/in*), Fransman/Française (*Franzose/Französin*), Italiaan/Italiaanse (Italiener/in), Spanjaard/Spaanse (*Spanier/in*), Griek/Griekse (*Grieche/Griechin*). Aber auch: Ik kom uit ... (*Ich komme aus ...*) Utrecht (Utrecht) usw.

Familienstand
Ik ben ... (*Ich bin ...*): getrouwd/gehuwd (*verheiratet*), ongetrouwd/ongehuwd (unverheiratet), gescheiden (*geschieden*), verloofd (*verlobt*).

Ein bisschen Grammatik

Vorsicht bei Fragesätzen in der 2. Person! Bei u sagt man: u komt → komt u? Aber bei jij (oder dem „unbetonten" je) sagt man: jij komt → **kom jij?** Wenn jij/je also hinter dem Verb steht, **fällt das -t weg**.

u bent → bent u? vs. jij bent → **ben jij?**
u werkt → werkt u? vs. jij werkt → **werk jij?**

Enthält allerdings das Verb bereits ein -t, bleibt dieses auch in der jij/je-Form erhalten:

u heet → heet u? vs. jij heet → **heet jij?**

Oefeningen

1 Verständnis und Aussprache

Sicher verstehen Sie die folgenden Sätze. Na dann bitte mal nachsprechen! ▶ 8

1. Sorry[1], is deze plaats nog vrij?
2. Mijn man komt uit Zaandam. En u, waar komt u vandaan?
3. Ik ben architect. En wat is uw beroep?
4. Bent u hier op vakantie?
5. Ik ben getrouwd en heb twee kinderen.
6. Ik ben secretaresse en werk bij een bank.

2 Bitte ordnen Sie

In dieser Übung sind die Sätze eines Dialogs durcheinandergeraten. Können Sie sie so ordnen, dass sie wieder einen Sinn ergeben? Zur Kontrolle hören Sie sich den Dialog an und spielen ihn mit Ihrem Nachbarn nach. ▶ 9

__ Een prachtige stad! Gaat u ook naar Groningen?
__ Nee nee, ik ben Duitser, maar ik woon in Rotterdam.
__ Goede reis dan.
__ Ja, voor het werk. En u bent op vakantie, of niet?
1 Goedenavond. Neem me niet kwalijk, maar bent u Nederlander?
__ Ja , ik werk nu niet, ik ben op vakantie.

3 Passende Formulierungen

Finden Sie im Dialog auf Seite 16 die passenden Formulierungen für folgende Gesprächssituationen. Wenn Sie ein Wort nicht kennen, fragen Sie Ihren Kursleiter.

1. fragen, ob der Sitzplatz frei ist
2. jemanden nach seiner Herkunft fragen
3. sagen, dass man in der Stadt ... wohnt
4. jemanden nach seinem Beruf fragen
5. sagen, dass man den Beruf ... ausübt
6. sagen, dass man verheiratet ist

4 Was passt zueinander?

Welche Nationalität haben folgende Personen? Können Sie immer einer Person eine Nationalitätsbezeichnung zuordnen?

1. Vincent van Gogh
2. Coco Chanel
3. Jean-Claude Van Damme
4. David Beckham
5. Heidi Klum
6. Roger Federer

a. is Engelsman.
b. is Française.
c. is Nederlander.
d. is Belg.
e. is Zwitser.
f. is Duitse.

Nationalitäten
Belg/Belgische (Belgier/Belgierin), **Duitser/Duitse** (Deutscher/Deutsche), **Engelsman/Engelse** (Engländer/Engländerin), **Fransman/Française** (Franzose/Französin), **Italiaan/Italiaanse** (Italiener/Italienerin), **Nederlander/Nederlandse** (Niederländer/Niederländerin), **Oostenrijker/Oostenrijkse** (Österreicher/Österreicherin), **Spanjaard/Spaanse** (Spanier/Spanierin), **Zwitser/Zwitserse** (Schweizer/Schweizerin)

5 Etwas Fantasie

Erfinden Sie eine Identität: einen Namen, woher Sie sind, was Sie beruflich machen etc. Ihr Tischnachbar soll sie durch Fragen herausfinden. Hier ein mögliches Gesprächsmuster.

- ● Goededag, bent u Marijke?
- ■ Nee, ik ben Katleen.
- ● Bent u Duitse? Uit Berlijn?
- ■ Nee, ik ben Belgische, uit Gent.
- ● Woont u in Antwerpen?
- ■ Nee, ik woon in Brugge, maar ik ga naar Antwerpen.
- ● Werkt u bij een bank?
- ■ Nee, ik ben tandarts.

tandarts = Zahnarzt/-ärztin

Wie ist der werte Name?
Mijn naam is ...
Mein Name is ...

Ik heet ...
Ich heiße

... en u/jij?
... und Sie/du?

Hoe heet hij/zij/uw man/vrouw/vriend(in)/broer/zus?
Wie heißt er/sie/Ihr Ehemann/Ihre Ehefrau/Ihr(e)Freund(in)/Ihr Bruder/Ihre Schwester?

Hij/Zij heet ...
Er/Sie heißt

Bent u meneer/mevrouw Brouwer?
Sind Sie Herr/Frau Brouwer?

Ben jij Gerrit?
Bist du Gerrit?

Wer hat, der hat ...
Heeft u ...?
Haben Sie ...?

Heb jij ...?
Hast du ...?

Ik heb (geen) ...
Ich habe (kein/e) ...

kinderen
Kinder

broers en zussen
Geschwister

een broer
einen Bruder

een zus
eine Schwester

Berufe
Ik ben ...
Ich bin ...

verkoper/verkoopster
Verkäufer/in

advocaat/advocate
Anwalt/Anwältin

Wat is jouw naam?

Hören Sie den Dialog. Hat Holger Geschwister? ▶ 10

- ● Hallo, jij bent toch Luc, of niet?
- ■ Ja ... Sorry[1], wat is jouw naam ook alweer?
- ● Ik heet Holger, ik ben de vriend van Inge.
- ■ Ah ja ... Holger ... jij bent Duitser, of niet?
- ● Ja, ik kom uit München.
- ■ En ben je hier alleen?
- ● Nee, met mijn broer.
- ■ Ah, je hebt een broer?
- ● Ja, en ook een zus. En jij?
- ■ Nee, ik heb geen broers en zussen. Ik ben enig kind. Waarom ben je in Nederland? Ben je student?
- ● Ja, ik studeer Nederlands. En jij, wat doe jij?
- ■ Ik ben verkoper in een computerwinkel ...
- ● Ah, interessant! Nou, tot binnenkort dan!
- ■ Daag!

VLAAMS [1] Excuseer (me/mij)

Worauf es ankommt

Nomen est Omen
Nach dem Namen fragt man: Wat is jouw naam? / Hoe heet jij? *(Wie heißt du?)* bzw. Wat is uw naam? / Hoe heet u? *(Wie heißen Sie?)*

Herkunft
Nach der Herkunft fragt man: Waar kom je/komt u vandaan? *(Woher kommst du / kommen Sie?)*, Ik kom uit ... *(Ich komme aus ...)*, jij komt uit ... *(du kommst aus ...)*, U komt uit ... *(Sie kommen aus ...)*

Ein bisschen Grammatik

Im Niederländischen ist der unbestimmte Artikel für alle Hauptwörter gleich: een.

een broer	ein Bruder
een zus	eine Schwester
een kind	ein Kind

Noch etwas mehr Grammatik

Auch die besitzanzeigenden Fürwörter sind für alle Geschlechter gleich: mijn *(mein/e)*, jouw/je *(dein/e)*, uw *(Ihr/e)*.

mijn broer en jouw man	mein Bruder und dein Ehemann
mijn vrouw en uw dochter	meine Ehefrau und Ihre Tochter
mijn kind en jouw zus	mein Kind und deine Schwester

Oefeningen

1 Verständnis und Aussprache

Verstehen Sie die folgenden Sätze? Dann sprechen Sie sie bitte nach. ▶ 11

1. Jij bent toch Marijke, of niet?
2. Wat is jouw naam?
3. Ik heet Willem. En jij?
4. Ik ben Oostenrijker en kom uit Wenen.
5. Neem me niet kwalijk, heeft u broers en zussen?
6. Ik ben studente, ik studeer journalistiek.

2 Welches Verb passt?

Lesen Sie die Sätze und ergänzen Sie die fehlenden Verben.

is – heten – werk – heet – komt – bent

1. Sorry[1] meneer, hoe ________________ u?
2. Jij ________________ uit Zwitserland, of niet?
3. Mijn zus ________________ verkoopster.
4. Mijn twee beste vrienden ________________ allebei Jan.
5. ________________ jij bij een bank?
6. Waarom ________________ u in België?

3 Hören verstehen

Hören Sie sich aufmerksam den Dialog an und beantworten Sie die Fragen. ▶ 12

1. Waar komt Eefje vandaan?
   a. Zij komt uit Leiden.
   b. Zij komt uit Leuven.
2. Heeft Pim broers en zussen?
   a. Ja, hij heeft een broer.
   b. Ja, hij heeft een zus.
3. Is Sofie Nederlandse?
   a. Nee, ze is Belgische.
   b. Nee, ze is Engelse.
4. Ze is getrouwd, of niet?
   a. Ja, zij is getrouwd.
   b. Nee, zij is gescheiden.

4 Können Sie's zuordnen?

Bitte ordnen Sie den deutschen Sätzen ihre niederländischen Entsprechungen zu.

1. Also bis bald ...
2. Warum bist du in Belgien?
3. Wie heißt deine Schwester?
4. Sind Sie Lehrer?
5. Und was machst du?
6. Und hast du Geschwister?

a. En heb jij broers en zussen?
b. Bent u leraar?
c. Tot binnenkort dan ...
d. En wat doe jij?
e. Waarom ben jij in België?
f. Hoe heet jouw zus?

5 Berufe raten

Suchen Sie sich aus der Liste auf Seite 20 einen Beruf aus. Ihr Nachbar soll ihn nach dem folgenden Gesprächsmuster erraten.

■ Hoi Merel, jij bent verkoopster, of niet?
● Nee, ik ben kapster.
■ Ben jij architect?
◆ Nee, ik ben vertegenwoordiger. En wat is jouw beroep?
...

Het belangrijkste in één oogopslag

Berufe ▶ 13

advocaat/advocate
Anwalt/Anwältin

architect/architecte
Architekt/Architektin

arts oder dokter
Arzt/Ärztin

tandarts
Zahnarzt/Zahnärztin

verpleger/verpleegster
Krankenpfleger/Krankenschwester

bankier
Bänker

secretaresse
Sekretärin

student/studente
Student/Studentin

leraar/lerares
Lehrer/Lehrerin

huisvrouw/huisman
Hausfrau/Hausmann

gepensioneerde
Rentner/Rentnerin

verkoper/verkoopster
Verkäufer/Verkäuferin

ingenieur
Ingenieur/Ingenieurin

vertegenwoordig(st)er
Vertreter/in

journalist/journaliste
Journalist/Journalistin

bakker
Bäcker/Bäckerin

loodgieter
Klempner

boer/boerin
Bauer/Bäuerin

kapper/kapster
Friseur/Friseurin

makelaar/makelaarster
Makler/Maklerin

boekhouder/boekhoudster
Buchhalter/Buchhalterin

Herkunft und Nationalität

Bent u Nederlander/Nederlandse?	Sind Sie Niederländer/in?
Ben jij Nederlander/Nederlandse?	Bist du Niederländer/in?
(Nee,) ik ben ...	(Nein,) ich bin ...
Waar komt u vandaan?	Woher kommen Sie?
Waar kom jij vandaan?	Woher kommst du?
Ik kom uit ...	Ich komme aus ...
Ik woon in ...	Ich wohne in ...

Beruf

Wat bent u van beroep?	Was sind Sie von Beruf?
Wat ben jij van beroep?	Was bist du von Beruf?
Wat is uw beroep?	Was ist Ihr Beruf?
Wat is jouw beroep?	Was ist dein Beruf?
Ik ben bankier.	Ich bin Bänker.
Ik werk ...	Ich arbeite ...
bij een bank	bei einer Bank
op een kantoor	in einem Büro
bij een verzekering	bei einer Versicherung
in een winkel	in einem Geschäft

Familienstand

Bent u getrouwd/gehuwd?	Sind Sie verheiratet?
Ben jij getrouwd/gehuwd?	Bist du verheiratet?
Ik ben ...	Ich bin ...
getrouwd/gehuwd	verheiratet
ongetrouwd/ongehuwd	unverheiratet
gescheiden	geschieden
verloofd	verlobt

Name

Wat is uw naam?	Wie ist Ihr Name?
Wat is jouw naam?	Wie ist dein Name?
Hoe heet u?	Wie heißen Sie?
Hoe heet jij?	Wie heißt du?
Mijn naam is ...	Mein Name ist ...
Ik heet ...	Ich heiße ...
Ik ben ...	Ich bin ...

Alter

Hoe oud bent u?	Wie alt sind Sie?
Hoe oud ben jij?	Wie alt bist du?
Ik ben twintig (jaar).	Ich bin 20 (Jahre alt).
Ik ben eenentwintig (jaar).	Ich bin 21 (Jahre alt).

Was mir sonst noch wichtig ist

2

FAMILIE

Wist je dat?

In het Nederlands zijn er twee woorden voor „Familie“: het eerste woord, *het gezin*, gebruik je voor ouders en hun kinderen, het tweede woord, *de familie*, omvat ook grootouders, kleinkinderen, tantes, ooms, nichten, neven etc. Er is geen woord voor „Geschwister“, je zegt gewoon *broer(s) en zus(sen)*.

(groot)ouders	*(Groß-)Eltern*
(groot)vader	*(Groß-)Vater*
(groot)moeder	*(Groß-)Mutter*
(klein)kind	*(Enkel-)Kind*
zoon	*Sohn*
dochter	*Tochter*
broer	*Bruder*
zus	*Schwester*
oom	*Onkel*
tante	*Tante*
neef	*Neffe/Cousin*
nicht	*Nichte/Cousine*

De beroemdste Nederlandse familie is natuurlijk de koninklijke familie. Koning Willem Alexander is maar voor een klein deel van Nederlands bloed, aangezien zijn voorvaderen voor een deel Duits of ook Russisch waren. Maar dat geeft niet, de Nederlanders houden van hun koningshuis. Op 27 april vieren zij Koningsdag, een nationale feestdag. Als 27 april op een zondag valt, wordt Koningsdag op een andere dag gevierd. Op Koningsdag wordt heel Nederland oranje. De kleur oranje komt van de naam van prins Willem van Oranje, die in de 16e eeuw regeerde. De Belgen zijn terughoudender in hun relatie met hun koningshuis.

AMSTERDAM – HET VENETIË VAN HET NOORDEN

Niet te missen! – Bezienswaardigheden

Een wijk die in Amsterdam tegenwoordig steeds populairder wordt, is *Overhoeks* achter het Centraal Station. De wijk aan het IJ was het gebied waar Royal Dutch Shell in 1965 kantoren bouwde. De Overhoekse Toren is een van de iconen van de Amsterdamse skyline. Hij heet Overhoeks vanwege zijn diagonale positie ten opzichte van het IJ. In Overhoeks vind je het moderne witte filminstituut EYE, de A'dam toren en de Tolhuistuin (een restaurant). Er komen nog meer torens en woongebouwen en er ontstaat ook een groot hotel met conferentiecentrum. Het grasveld naast het EYE filminstituut (Overhoekspark) ontwikkelt zich door zijn fantastische uitzicht op het IJ tot een van de meest geliefde picknickplaatsen van Amsterdam. Je komt er heel makkelijk: neem de gratis boot (Buiksloterwegveer). Deze boot brengt je binnen een paar minuten naar Overhoeks en gaat dag en nacht heen en weer.

Smakelijk! – Regionale specialiteiten

In Amsterdam kun je heel internationaal eten. Vooral het eten uit vroegere Nederlandse koloniën is populair, bijvoorbeeld Indonesisch. Wil je een echt Nederlands gerecht uitproberen, dan kun je snert eten: een hele dikke erwtensoep met varkensvlees, aardappels, selderij, uien, prei en worst. Vergeet niet de meest geliefde snack van de Nederlanders te proeven: bitterballen (gefrituurde vleesballen). Of ook stamppot (hartig gerecht met gestampte aardappels en groente), poffertjes (kleine pannenkoekjes) of stroopwafels. En drink ter afsluiting een lekkere jenever. Proost!

Geheime tips

Iedereen weet dat een rondvaart door de grachten bij een bezoek aan Amsterdam hoort. Je kunt daarvoor een kaartje kopen bij een van de talloze bedrijven die toeristische rondvaarten per boot aanbieden. Maar het kan ook veel spannender: huur een van de vele waterfietsen en maak van je rondvaart een bijzondere en sportieve belevenis! Je kunt op verschillende plaatsen een waterfiets huren: bij het Rijksmuseum, het Anne-Frank-Huis, het Leidseplein en op de hoek van de Keizergracht en Leidsestraat.

3

Unterwegs – Onderweg

Unterwegs vor Ort?

Ob im Zug oder mit dem eigenen Auto, wer die Niederlande oder Belgien bereist, sollte bedenken, dass die Entfernungen sehr gering sind und man, ehe man sich's versieht, im Nachbarland ist. Wissen Sie, ob die folgenden Städte in den Niederlanden oder in Belgien liegen? Finden Sie sie auf der Karte?

1. Groningen
2. Brugge
3. Antwerpen
4. Arnhem
5. Gent
6. Den Haag
7. Maastricht
8. Utrecht

Was Sie in dieser Lektion lernen:
- wie man nach der Uhrzeit fragt.
- wie man die Uhrzeit angibt.
- wie man fragt, wann man ankommt und wo man umsteigen muss.
- wie man nach dem Weg fragt.
- wie man fragt, welches Verkehrsmittel man nehmen muss.

Zugfahren
Wussten Sie, dass das belgische Schienennetz mit fast 4 000 km auf einer Gesamtfläche von 32 000 km² das dichteste Netz Europas ist?
Für Online-Buchungen:
www.belgiantrain.be

Hoe laat is het?

Hören Sie den Dialog und setzen Sie die fehlenden Städtenamen ein. ▶ 14

Rotterdam – Antwerpen – Brussel

- ● Neem me niet kwalijk, kunt u mij zeggen hoe laat het is?
- ■ Het is half vier.
- ● Weet u hoe laat we in ________________ aankomen?
- ■ Maar deze trein gaat niet naar Antwerpen!
- ● Wat zegt u?
- ■ Voor Antwerpen moet u in ________________ overstappen en de trein richting ________________ nemen. Rotterdam is het volgende station.
- ● En wanneer komen we aan?
- ■ Dat weet ik niet ... Dat moet u aan de conducteur vragen.
- ◆ Kaartjes, alstublieft!
- ● Alstublieft. Neem me niet kwalijk, hoe laat komen we in Rotterdam aan?
- ◆ Onze trein heeft helaas tien minuten vertraging, we komen om vier uur in Rotterdam aan. De trein naar Antwerpen vertrekt om kwart over vier, van spoor elf.
- ● Ah, in orde. Hartelijk dank.
- ◆ Graag gedaan, goeie reis!

Worauf es ankommt

Zahlen 0–12
nul *(0)*, één *(1)*, twee *(2)*, drie *(3)*, vier *(4)*, vijf *(5)*, zes *(6)*, zeven *(7)*, acht *(8)*, negen *(9)*, tien *(10)*, elf *(11)*, twaalf *(12)*

Uhrzeit
Het is half ... *(Es ist halb ...)*, Het is kwart over ... *(Es ist Viertel nach ...)*, Het is kwart voor ... *(Es ist Viertel vor ...)*. Bei der vollen Uhrzeit muss man anders als im Deutschen immer das Wort uur hinzufügen: Het is één uur. *(Es eins/ein Uhr ...)*. Achtung: Man verwendet één, wenn die Zahl gemeint ist, aber een, wenn es sich um den unbestimmten Artikel handelt.

Ein bisschen Grammatik

Die Mehrzahlform der niederländischen Verben ist einfach zu bilden. Sie ist für die 1. („wir"), 2. („ihr") und 3. („sie") Person im Präsens (Gegenwart) mit dem Infinitiv (Grundform) identisch:

wij komen aan	wir kommen an
jullie vertrekken	ihr fahrt ab
zij vragen	sie fragen

Uhrzeit

Kunt u mij zeggen ...?
Können Sie mir sagen, ...?

Hoe laat is het?
Wie viel Uhr/Wie spät ist es?

(Om) hoe laat vertrekt de trein?
Um wie viel Uhr fährt der Zug ab?

Wanneer komt de trein aan?
Wann kommt der Zug an?

(Om) hoe laat komen we in ... aan?
Um wie viel Uhr kommen wir in ... an?

Om één uur.
Um 1 Uhr.

's Middags. / Om middernacht.
Mittags. / Um Mitternacht.

Elk uur.
Jede Stunde.

Om half zes.
Um 5:30 Uhr.

Om kwart over zes.
Um 6:15 Uhr.

Om kwart voor zeven.
Um 6:45 Uhr.

Orientierung

Welk station is dat?
Welche Station ist das?

Waar zijn we?
Wo sind wir?

We zijn in ...
Wir sind in ...

Dat is het volgende station.
Das ist die nächste Station.

Dat is het daaropvolgende station.
Das ist die übernächste Station.

Aussprache
- **ei/ij** wie **ä**, gefolgt von einem **j**, z. B. trein, mijn
  Ausnahme: **ij** als Teil des Suffix **-lijk** wie **e** in „Junge", z. B. kwalijk, hartelijk
- **eu** wie **ö** in „schön", z. B. conducteur
- **u** (wenn es kurz ist) wie **ö** in „Geröll", z. B. Brugge, nul

Oefeningen

1 Verständnis und Aussprache

Sprechen Sie bitte die folgenden Sätze nach! Wenn Sie den Dialog auf Seite 24 gut durchgelesen haben, sollte auch das Verständnis keine Probleme machen. ▶ 15

1. Neem me niet kwalijk mevrouw, hoe laat is het?
2. Het is half zeven.
3. Wanneer komen we in Brugge aan?
4. We hebben helaas vijf minuten vertraging.
5. De aansluiting naar Utrecht vertrekt van spoor acht.
6. We komen om kwart voor vier aan.

2 Welche Verben passen?

Oh je, hier fehlt doch was! Lesen Sie die Sätze und ergänzen Sie die fehlenden Verben.

moet – gaat – hebben – vragen – vertrekt – komen aan

1. We ______________ tien minuten vertraging.
2. Hoe laat ______________ we ______________?
3. Deze trein ______________ niet naar Oostende.
4. U ______________ in Den Haag overstappen.
5. We ______________ het aan de conducteur.
6. De trein naar Alkmaar ______________ om vier uur.

3 Ein bisschen Mathe!

Rechnen auf Niederländisch? Halb so wild, man muss sich dazu nur die Wörter plus (+), min (–) und is (=) merken. Dann mal los in Zweiergruppen jeweils abwechselnd.

Negen min drie is **zes**.

1. 9 – 3	4. 8 + 3	7. 10 – 5	10. 3 – 2
2. 7 + 2	5. 5 – 4	8. 2 + 8	11. 11 + 1
3. 12 – 9	6. 1 + 6	9. 4 + 1	12. 7 – 6

4 Wer hat an der Uhr gedreht?

Setzen Sie die angegebenen Uhrzeiten in den Beispielsatz ein. Bitte als Frage- und Antwort-Spiel mit dem Nachbarn!

Hoe laat is het? – **Het is half vier.**

1. 03:30	5. 12:00	9. 11:15
2. 07:15	6. 13:30	10. 06:30
3. 16:45	7. 14:45	11. 08:45
4. 05:00	8. 00:00	12. 22:00

De Nederlandse Spoorwegen
Zuständig für den Personen- und Güterverkehr in den Niederlanden sind die staatlichen **Nederlandse Spoorwegen** mit durchschnittlich etwa 1,1 Millionen Passagieren pro Tag. Für Online-Reservierungen: **www.ns.nl**

5 Bitte nachspielen

Spielen Sie den Dialog auf Seite 24 in Zweiergruppen nach. Die gefetteten Wörter sind austauschbar. Orientieren Sie sich anhand der Karte auf Seite 23 und erfinden Sie Uhrzeiten.

- ■ Kaartjes, alstublieft!
- ● Alstublieft. Neem me niet kwalijk, hoe laat komen we in **Mechelen** aan?
- ■ Om **half drie**.
- ● Sorry, moet ik in **Leuven** overstappen?
- ■ Ja, u moet in **Leuven** overstappen. / Nee, u moet in **Antwerpen** overstappen.
- ● En (om) hoe laat komen we in **Leuven/ Antwerpen** aan?
- ■ Om **één uur**.

Nach dem Weg fragen
Waar is ...?
Wo ist ...?

de bushalte
die Bushaltestelle

de taxistandplaats
der Taxistand

de metro
die U-Bahn

de toeristische dienst / VVV
die Touristeninformation

Wo genau?
Hij/Zij/Het is hier (tegenover).
Er/Sie/Es ist hier (gegenüber).

Hij/Zij/Het is hier in de buurt/vlakbij.
Er/Sie/Es ist hier in der Nähe.

Hij/Zij/Het is daar.
Er/Sie/Es ist dort.

Hij/Zij/Het is vrij ver (weg).
Er/Sie/Es ist recht weit (weg).

U moet ... nemen.
Sie müssen ... nehmen.

U moet ... oversteken.
Sie müssen ... überqueren.

U moet in ... uitstappen.
Sie müssen in ... aussteigen.

U moet in ... overstappen.
Sie müssen in ... umsteigen.

Hier und da
hier
hier

daar
da

Auf und zu
Hij/Zij/Het is gesloten/dicht.
Er/Sie/Es ist geschlossen.

Hij/Zij/Het is open.
Er/Sie/Es ist geöffnet.

Aussprache
- **c** vor **a**, **o**, **u** und Konsonanten wie **k** in „Kind", z. B. direct
- **c** vor **e** und **i** dagegen wie **s** in „dass", z. B. centraal

Is het ver weg?

Hören Sie den Dialog. Welches Verkehrsmittel nimmt die Frau am Ende? ▶ 16

- ● Sorry[1], waar is de toeristische dienst?
- ■ Die is hier tegenover, maar vandaag is hij dicht. Je kunt die op het Nassauplein proberen.
- ● Is dat ver weg?
- ■ Nee hoor, het is hier in de buurt. Je kunt te voet gaan.
- ● Maar ik heb twee koffers ...
- ■ Dan kun je de bus nemen. De 12. Daar kun je een kaartje kopen, zie je?
- ● En waar is de halte?
- ■ Je moet het plein oversteken en dan ...
- ● Nee nee, sorry[1], het maakt niet uit. Ik neem wel een taxi. Waar is een standplaats?
- ■ Ah, die is hier direct tegenover, zie je?
- ● Prima. Bedankt en tot ziens.

VLAAMS [1] Excuseer (me/mij)

Worauf es ankommt
Die Interjektion hoor wird vor allem in den Niederlanden oft verwendet als „sanfte" Bestätigung einer Aussage, z. B. Ja hoor. *(Jawohl.)* / Nee hoor. *(Nein nein.)* / Het is niet ver hoor. *(Es ist wirklich nicht weit.)*

Ein bisschen Grammatik

In diesem Dialog kommen einige wichtige (unregelmäßige) Verben vor, z. B.:

ik kan	ich kann	ik zie	ich sehe
jij kunt	du kannst	jij ziet	du siehst
u kunt	Sie können	u ziet	Sie sehen
hij/zij kan	er/sie kann	hij/zij ziet	er/sie sieht

Merken Sie sich auch:

ik ben	ich bin	ik heb	ich habe
jij bent	du bist	jij hebt	du hast
u bent	Sie sind	u hebt	Sie haben
hij/zij is	er/sie ist	hij/zij heeft	er/sie hat

Die Mehrzahl entspricht auch bei unregelmäßigen Verben dem Infinitiv. **Kunnen** *(können)*: wij kunnen, jullie kunnen, zij kunnen; **zien** *(sehen)*: wij zien, jullie zien, zij zien; **zijn** *(sein)*: wij zijn, jullie zijn, zij zijn. Oder **hebben** *(haben)*: wij hebben, jullie hebben, zij hebben.

Jij, wij und zij können auch in der unbetonten Variante je, we und ze verwendet werden.

Oefeningen

1 Verständnis und Aussprache

Verstehen Sie die folgenden Sätze? Dann bitte einfach nachsprechen! ▶ 17

1. Waar is de bushalte?
2. Is het Leidseplein in de buurt?
3. Het is niet echt ver. Je kunt te voet gaan.
4. Waar kan ik een kaartje kopen?
5. Daar, je moet het plein oversteken.
6. Sorry[1], het maakt niet uit. Ik neem de bus wel.

2 Ordnung ist die halbe Übung!

Dieser Dialog ist ziemlich durcheinandergeraten. Können Sie ihn wieder richtig ordnen? Danach bitte zu zweit lesen.

__ Dan kun je een taxi nemen.
__ Nee, die is hier in de buurt. Je kunt te voet gaan.
__ Die is hier direct tegenover, zie je?
__ Maar ik heb twee koffers ...
1 Neem me niet kwalijk, is de toeristische dienst ver weg?
__ Waar is de taxistandplaats?

3 Hören und verstehen

Hören Sie sich aufmerksam den Dialog an und versuchen Sie, die folgenden Fragen richtig zu beantworten. ▶ 18

1. Wat zoekt Myriam?
   a. De VVV.
   b. De taxistandplaats.
2. Is het ver?
   a. Ja, het is ver.
   b. Nee, het is in de buurt.
3. Is hij nog open vandaag?
   a. Nee, hij is gesloten.
   b. Ja, hij is open.

zoeken = suchen

4 Bitte vervollständigen

Setzen Sie die vorgegebenen Wörter in den Mustersatz ein. Die Verkehrsmittel finden Sie auf Seite 28.

Om **daarnaartoe** te gaan, moet je **de tram** nemen.

1. daarnaartoe – de tram
2. naar de Grote Markt – een taxi
3. daarheen – de fiets
4. naar Delft – de bus
5. het Koningsplein – de metro
6. naar Maastricht – de trein

daarnaartoe / daarheen = dahin (VL naar daar)

5 Bitte erklären

Führen Sie mit einem Kursteilnehmer ein Gespräch nach diesem Muster.

■ Sorry[1], waar is de toeristische dienst?
● Die is op het Universiteitsplein.
■ Is dat ver?
● Ja, dat is vrij ver. / Nee, het is vlakbij.
■ Prima. Dank u wel en tot ziens.

a. de VVV
b. de bushalte
c. de taxistandplaats
d. de metro

Het belangrijkste in één oogopslag

Wichtige Ausdrücke ▶ 19

Hartelijk dank.
Vielen Dank.

Graag gedaan.
Keine Ursache.

Goeie reis!
Gute Reise!

Was man so sucht

de bushalte
die Bushaltestelle

de toeristische dienst/VVV
die Touristeninformation

de taxistandplaats
der Taxistand

het station
der Bahnhof

het centraal station
der Hauptbahnhof

de wachtruimte
der Wartesaal

de fiets(en)stalling
der Fahrradabstellplatz

Verkehrsmittel

de trein
der Zug

de metro
die U-Bahn

de bus
der Bus

de tram
die Straßenbahn

de fiets
das Fahrrad

de bromfiets
das Moped

Im Zug

Stopt deze trein in ...?	Hält dieser Zug in ...?
Nee, u moet in ... overstappen.	Nein, Sie müssen in ... umsteigen.
(Om) hoe laat kom ik in ... aan?	Um wie viel Uhr komme ich in ... an?
Over drie uur.	In drei Stunden.

Am Bahnhof

Welke trein moet ik naar ... nemen?	Welchen Zug muss ich nach ... nehmen?
Van welk spoor vertrekt de trein naar ...?	Von welchem Gleis fährt der Zug nach ... ab?
Hij vertrekt van spoor 5.	Er fährt von Gleis 5 ab.
De trein is op tijd.	Der Zug ist pünktlich.
We hebben tien minuten vertraging.	Wir haben 10 Minuten Verspätung.

Uhrzeit

Hoe laat is het?	Wie viel Uhr/Wie spät ist es?
Het is één uur.	Es ist 1 (Uhr).
Het is middag. / Het is middernacht.	Es ist Mittag. / Es ist Mitternacht.
Het is twee/drie/vier uur ...	Es ist 2/3/4 (Uhr) ...
(Om) hoe laat vertrekt de trein?	Um wie viel Uhr fährt der Zug ab?
(Om) hoe laat komt de trein aan?	Um wie viel Uhr kommt der Zug an?
Om zeven uur.	Um 7 (Uhr).
's Middags. / Om middernacht.	Mittags. / Um Mitternacht.
Om twee/drie/vier uur.	Um 2/3/4 (Uhr).
Om half zes.	Um 5:30 (Uhr).
Om kwart voor/over zes.	Um 5:45/6:15.

Nach dem Weg fragen

Neem me niet kwalijk, kunt u mij zeggen waar ... is?	Verzeihung, können Sie mir sagen, wo ... ist?
Hij/Zij/Het is hier direct tegenover.	Er/Sie/Es ist hier direkt gegenüber.
Hij/Zij/Het is daar, ziet u?	Er/Sie/Es ist dort, sehen Sie?
Hij/Zij/Het is vrij ver.	Er/Sie/Es ist recht weit.
U moet ... nemen.	Sie müssen ... nehmen.
U moet in ... uitstappen.	Sie müssen in ... aussteigen.
U moet in ... overstappen.	Sie müssen in ... umsteigen.

Was mir sonst noch wichtig ist

VERKEERSMIDDELEN

Wist je dat?

Op een paar stations in Nederland (bv. *Rotterdam*, *Arnhem* en *Den Haag*) hebben de *Nederlandse Spoorwegen (NS)* zogenaamde *StationsHuiskamers* als wachtruimte ingericht. Hier kun je gezellig met een lekker kopje kofie op een knusse bank of aan een grote tafel met stoelen zitten en op de trein wachten. Je hebt er gratis wifi en veel stopcontacten en mogelijkheden om mobiele telefoons of notebooks op te laden.

Met de fiets!

Je hebt niet altijd een trein, bus of auto nodig ... Nederland en de regio Vlaanderen in België zijn een paradijs voor fietsers. Je vindt er een goed uitgebouwd net met fietspaden en de idyllische landschappen zorgen voor ontspannen uurtjes op de fiets. Je kunt er veel zien en beleven: charmante dorpjes en historische steden, stranden en natuurgebieden, maar ook burchten en kastelen.

Vooral aan de kust en in de mooie provincie *Limburg* is het ideaal voor fietstoeristen.

- De kust biedt vele mogelijkheden voor langere of kortere fietstochten. De wegen zijn meestal vlak en gaan door rustige polderlandschappen en langs populaire strandpromenades. En vergeet niet door de duinen te fietsen met hun typische flora en fauna.
- In *Limburg* fiets je door boomgaarden of langs industriegebouwen uit het mijnbouwverleden. De regio biedt zachte heuvels, bossen en heidelandschappen. Wie liever op vlakke wegen fietst, neemt een route langs de rivier de *Maas*. Prachtige kastelen, romantische boerderijen en talrijke cafés nodigen je voor een pauze uit. En – als je met kinderen onderweg bent – huur eens een bakfiets.

ANTWERPEN – HAVEN-, KUNST- EN MODESTAD

Niet te missen! – Bezienswaardigheden

Antwerpen is de grootste stad van België en ligt ongeveer vijftien kilometer van de Nederlandse grens vandaan. De haven van Antwerpen is na Rotterdam de grootste van Europa en behoort tot de top twintig van de grootste havens ter wereld. Antwerpen was belangrijk voor de kunst in de zeventiende eeuw met schilders als Rubens, Van Dyck of Jordaens. Vele bezienswaardigheden stammen uit die tijd, bv. het *Rubenshuis* of het *Rockoxshuis.* Wist je dat de oudste wolkenkrabber van Europa in Antwerpen staat? De *Boerentoren*, zesentwintig etages hoog, gebouwd in het jaar 1932, is na de Onze-Lieve-Vrouwekathedraal nog steeds het hoogste gebouw van de stad.

Smakelijk! – Regionale specialiteiten

Een van de bekendste producten van de stad zijn de *Antwerpse Handjes*, lekkere koekjes met amandelen of melkchocolade. In een legende wordt verteld dat de reus Antigoon de handen van de vissers afhakte die de tol voor de rivier de Schelde niet konden betalen. De reus wordt door de jonge held Brabo omgebracht. Brabo hakte de hand van de reus af en wierp de hand in de Schelde. De naam Antwerpen komt van het Nederlandse *hand werpen*.
Als je in Antwerpen bent, moet je natuurlijk een bolleke (het beroemde *De Konick* bier) drinken. Op een van de gezellige terrasjes in de buurt van de Grote Markt smaakt het bier het beste.

Geheime tips

De stad heeft een cultstatus in de modebranche, dankzij de Koninklijke Academie voor Schone Kunsten, een van de belangrijkste modeacademies ter wereld. Hier hebben vele internationale succesvolle modedesigners gestudeerd. En als je niets in de vele modewinkels hebt gevonden, kun je altijd nog naar de beroemde diamantwijk in de buurt van het Centraal Station.

4

Ein Zimmer suchen – Een kamer zoeken

Die richtige Unterkunft gefunden?

In den Niederlanden und in Belgien haben Sie eine große Auswahl an Übernachtungsmöglichkeiten. Können Sie sich unter den folgenden etwas vorstellen? Wenn nicht, finden Sie auf Seite 37 mehr Informationen dazu. Wo übernachten Sie, wenn Sie in den Niederlanden oder in Belgien sind?

1. hotel
2. bed & breakfast
3. camping
4. jeugdherberg
5. pension
6. boerderij

Was Sie in dieser Lektion lernen:
- wie man eine Unterkunft sucht.
- wie man das Datum angibt.
- wie man ein Telefongespräch führt.
- wie man ein Hotelzimmer reserviert.

Touristische Infos
Die niederländischen Fremdenverkehrsämter **VVV** informieren unter: **www.vvv.nl**. Für den niederländischsprachigen Teil Belgiens finden Sie alle Informationen unter **www.toerismevlaanderen.be**.

Hotelsuche
Ik zoek een hotel/een pension.
Ich suche ein Hotel/eine Pension.

Kunt u mij ... geven?
Können Sie mir ... geben?

het telefoonnummer/het adres
die Telefonnummer/die Adresse

Hoeveel sterren?
Wie viele Sterne?

Datum
Voor wanneer?
Für wann?

Voor één/de eerste september.
Für den 1. September.

Voor vijf/de vijfde augustus.
Für den 5. August.

Voor hoeveel nachten?
Für wie viele Nächte?

Van ... tot ...
Vom ... bis zum ...

Was für ein Zimmer?
Ik wil graag ... reserveren.
Ich möchte ... reservieren.

een tweepersoonskamer
ein Doppelzimmer

een eenpersoonskamer
ein Einzelzimmer

een kamer met een dubbel bed
ein Zimmer mit einem Doppelbett

een kamer met twee enkele bedden
ein Zimmer mit zwei Einzelbetten

een kamer met ontbijt
ein Zimmer mit Frühstück

Hoeveel kost het?
Wie viel kostet es?

Het kost ... euro per nacht.
Es kostet ... Euro pro Nacht.

Aussprache von e/ee
- wenn kurz und unbetont, wie das stumme **e** in „Junge", z. B. de, kamer
- wenn kurz und betont, wie das **e** in „Mensch", z. B. hotel, centrum
- wenn lang, wie das **ee** in „Meer", z. B. beetje, geven

Ik zoek een hotel.

Hören Sie den Dialog und setzen Sie die fehlenden Ausdrücke ein. ▶ 20

tweepersoonskamer – duur – hotel – sterren – drie nachten

- ● Goeiedag, kan ik u helpen?
- ■ Ja, ik zoek een ______________ hier in Antwerpen.
- ● Voor wanneer?
- ■ Vanaf vandaag voor ______________.
- ● Dus van 14 tot 17 augustus. Hoeveel ______________?
- ■ Drie.
- ● Wilt u een een- of ______________?
- ■ Een tweepersoonskamer ...
- ● Hmm, we hebben het hotel "De Koning van Spanje". Een tweepersoonskamer kost 110 euro per nacht.
- ■ Oei, dat is een beetje ______________ ...
- ● Anders hebben we "Hotel Rubenshof", dat komt op 70 euro.
- ■ Is dat in het centrum?
- ● Ja hoor, absoluut! Het ligt aan de Amerikalei.
- ■ Oh perfect! Kunt u mij het nummer geven?
- ● Natuurlijk: 03 201 13 88.

Worauf es ankommt

Zahlen 13–100
dertien *(13)*, veertien *(14)*, vijftien *(15)*, zestien *(16)*, zeventien *(17)*, achttien *(18)*, negentien *(19)*, twintig *(20)*, eenentwintig *(21)*, tweeëntwintig *(22)* – siehe Seitenzahlen –, dertig *(30)*, veertig *(40)*, vijftig *(50)*, zestig *(60)*, zeventig *(70)*, tachtig *(80)*, negentig *(90)*, honderd *(100)*.
Das Datum wird mit den Grundzahlen angegeben: twee/drie/... mei *(der 2./3./... Mai)*. Wie im Deutschen können auch die Ordnungszahlen verwendet werden: eerste *(erster = 1.)*: de eerste mei *(der 1. Mai)*.

Monate
januari *(Januar)*, februari *(Februar)*, maart *(März)*, april *(April)*, mei *(Mai)*, juni *(Juni)*, juli *(Juli)*, augustus *(August)*, september *(September)*, oktober *(Oktober)*, november *(November)*, december *(Dezember)*

Ein bisschen Grammatik

Die meisten Hauptwörter bilden die Mehrzahl durch Anhängen von -en: nacht *(Nacht)* → nacht**en** *(Nächte)*, student *(Student)* → student**en** *(Studenten)*. Manchmal gibt es hier Rechtschreibregeln zu beachten, z. B. Einzelbuchstabe wird zu Doppelbuchstabe: ster *(Stern)* → ster**r**en *(Sterne)*. Wenn ein Wort auf eine Silbe endet, die ein stummes -e enthält, wird die Mehrzahl mit -s gebildet: kamer *(Zimmer)* → kamer**s** *(Zimmer)*, nummer *(Nummer)* → nummer**s** *(Nummern)*.

Oefeningen

1 Verständnis und Aussprache

Erst verstehen und dann ganz einfach nachsprechen, bitte! ▶ 21

1. Ik zoek een hotel hier in Leeuwarden.
2. OK, voor hoe lang?
3. Ik had graag een kamer van 21 tot 23 mei.
4. Is er een viersterrenhotel in de buurt?
5. Ja, er is het "Oranje Hotel" in het centrum.
6. Maar het is een beetje duur, het kost 150 euro per nacht.

er is = es gibt

2 Einzahl und Mehrzahl

Wie wird die Mehrzahlform der folgenden Hauptwörter gebildet? Bitte jeweils abwechselnd mit Ihrem Tischnachbarn.

1. kamer
2. nacht
3. nummer
4. ster
5. hotel
6. student
7. trein
8. vrouw
9. vriend
10. jongen
11. man
12. boerderij

3 Die lieben Zahlen

Setzen Sie die vorgegebenen Zahlen in den Mustersatz ein. Bei den Kombinationen aus Einsern und Zehnern helfen die Seitenzahlen. Bitte Frage und Antwort wieder abwechselnd mit Ihrem Tischnachbarn durchspielen.

Hoeveel kost het hotel? – Het kost **vijfennegentig euro** per nacht.

1. 95
2. 84
3. 49
4. 70
5. 32
6. 51
7. 18
8. 23
9. 66
10. 89
11. 40
12. 37

4 Was gehört wohin?

Vervollständigen Sie die Sätze mit den angegebenen Wörtern. Halb so schlimm, oder?

geven – hoeveel – duur – centrum – tweepersoonskamer – pension

1. Ik zoek een ______________________ voor drie nachten.
2. Wilt u een een- of ______________________?
3. OK, maar voor ______________________ dagen?
4. Het hotel is niet in het ______________________, correct?
5. Kunt u mij het nummer ______________________?
6. Jammer genoeg is het een beetje ______________________.

jammer genoeg = leider

5 Telefonitis

Jeder Kursteilnehmer sagt seine Telefonnummer und die anderen schreiben sie auf und vergleichen danach.

- Mijn telefoonnummer is ... En wat is jouw nummer?
- Mijn nummer is ...

Am Telefon
Hallo?
Hallo?

Hallo, met wie spreek ik?
Hallo, mit wem spreche ich?

Hallo, spreek ik met "Hotel de Beiaard"?
Hallo, spreche ich mit dem „Hotel de Beiaard"?

Wann genau?
Heeft u een kamer vrij ...?
Haben Sie ein freies Zimmer ...?

voor 25 maart/voor de 25ste maart
für den 25. März

van 2 tot 6 april
vom 2. bis 6. April

van de 2de tot de 6de april
vom 2. bis 6. April

Bestätigung
Kunt u mij de bevestiging ... sturen?
Können Sie mir die Bestätigung ... schicken?

per e-mail
per E-Mail

Mijn telefoonnummer is ...
Meine Telefonnummer ist ...

Mijn mobielnummer[1] is ...
Meine Handynummer ist ...

Mijn e-mail(adres) is ...
Meine E-Mail(-Adresse) ist ...

VLAAMS [1] gsm-nummer

Einzel- und Doppelschreibung
Die langen Vokale **a**, **e**, **o** und **u** kommen sowohl einzeln als auch doppelt geschrieben vor, je nachdem, ob sie sich in einer offenen (endet auf Vokal) oder geschlossenen (endet auf Konsonant) Silbe befinden. In einer offenen Silbe wird ein langer Vokal einzeln geschrieben: z. B. **ka**-mer, **ge**-ven, **stu**-ren.
Auch das Wortende zählt als offene Silbe: Ik **ga**, **nu**. In einer geschlossenen Silbe hingegen wird der lange Vokal doppelt geschrieben: z. B. Ik **geef**, hij **maakt**.

Ik wil graag een kamer boeken.

Hören Sie den Dialog. Für wie viele Nächte möchte der Gast das Zimmer reservieren? ▶ 22

- "Hotel Rubenshof", goedemorgen.
- Goeiedag, ik wil graag een tweepersoonskamer boeken vanaf vandaag.
- Voor hoeveel nachten?
- Drie, tot 17 augustus.
- Even kijken ... Ja, er is een kamer vrij. Op welke naam?
- Müller.
- Kunt u dat even voor mij spellen, alstublieft?
- De m van Maria, de u van Utrecht met twee puntjes, dubbele l van Leo, de e van Eduard en de r van Rudolf.
- Müller. Perfect.
- Kunt u mij de bevestiging per e-mail sturen? Mijn e-mailadres is Mueller345@xyz.de.
- Natuurlijk, dat komt in orde.
- Hartelijk dank. Tot later ...

Worauf es ankommt

Richtig schreiben
Man fragt: Hoe schrijf je dat, alstublieft? *(Wie schreibt man das, bitte?)* oder Kunt u dat even spellen? *(Können Sie das buchstabieren?)*. Die Antwort lautet: Dat schrijf je ... *(Es schreibt sich ...)*

Buchstabieren
(A) a – Anna, (B) be – Bernard (C), ße – Cornelis, (D) de – Dirk, (E) e – Eduard, (F) ef – Ferdinand, (G) che – Gerard, (H) ha – Hendrik, (I) i – Isaak, (J) je – Jan, (K) ka – Karel, (L) el – Leo, (M) em – Maria, (N) en – Nico, (O) o – Otto, (P) pe – Pieter, (Q) kü – quotiënt, (R) er – Rudolf, (S) es – Simon, (T) te – Theodoor, (U) ü – Utrecht, (V) ve – Victor, (W) we – Willem, (X) iks – Xantippe, (Y) i-grec/Griekse ij – Yvonne, (Z) set – Zaandam; ä, ö, ü = a, o, u met twee puntjes und das @ nennt sich at oder apenstaartje.

Ein bisschen Grammatik

Is er ... ? *(Gibt es ...?)* + Hauptwort in der Einzahl, z. B.: Is er een kamer vrij? *(Gibt es ein freies Zimmer?)*

Zijn er ...? *(Gibt es ...?)* + Hauptwort in der Mehrzahl, z. B.: Zijn er twee kamers vrij? *(Gibt es zwei freie Zimmer?)*

Oefeningen

1 Verständnis und Aussprache

Haben Sie beim Zuhören alles verstanden? Dann sprechen Sie bitte einfach mal nach! ▶ 23

1. Ik wil graag een eenpersoonskamer boeken.
2. Prima, voor hoeveel nachten?
3. Wat is uw telefoonnummer?
4. Kunt u dat even voor mij spellen, alstublieft?
5. Wat is uw e-mailadres?
6. Kunt u mij de bevestiging sturen?

2 Buchstabieren Sie

Bitte buchstabieren Sie die folgenden Namen. Ihr Tischnachbar soll sie aufschreiben (nicht ins Buch schauen!).

1. Heidemarie Müllermann
2. Joachim Leimadscher
3. Xaver Gottliebsohn
4. Zenzi Tigerlilly
5. Wolfgang Hinkefuss
6. Eberhardt Runkelknall
7. Carlitos Nachos
8. Dschingis Khanowski

3 Bitte einsetzen

Setzen Sie bitte die Datumsangaben in den Beispielsatz ein.
Im Niederländischen können Sie dafür die Grundzahlen verwenden.

Ik wil graag een kamer boeken van **15** tot **18 juni**.

1. 15. – 18.6.
2. 9. – 11.12.
3. 17. – 20.4.
4. 25. – 27.10.
5. 13. – 14.2.
6. 21. – 29.7.
7. 23. – 26.11.
8. 1. – 8.8.
9. 16. – 24.5.
10. 19. – 22.3.
11. 27. – 30.9.
12. 28. – 31.1.

4 Hören und verstehen

Hören Sie sich den Dialog an und beantworten Sie dazu die Fragen bzw. ergänzen Sie die Sätze. ▶ 24

1. Meneer De Vries zoekt …
   a. een kamer
   b. twee kamers
2. Voor hoeveel nachten?
   a. Voor twee nachten.
   b. Voor vier nachten.
3. Hoeveel kost de kamer per nacht?
   a. Hij kost 90 euro.
   b. Hij kost 80 euro.
4. Hij wil de bevestiging …
   a. per e-mail
   b. per telefoon

5 Bitte schreiben Sie

Schreiben Sie nach dem Muster auf Seite 37 eine E-Mail an ein Hotel und reservieren Sie ein Zimmer.

Geachte heer, mevrouw,

Graag wil ik … boeken …

Het belangrijkste in één oogopslag

Wichtiges! ▶ 25

In orde!
Alles klar!

Even kijken ...
Mal schauen ...

perfect
großartig / perfekt

natuurlijk
natürlich / sicher

Apartment, Ferienhaus

Ik wil graag ... huren.
Ich möchte ... mieten.

een appartement
ein Apartment

een vakantiehuis
ein Ferienhaus

In der Nähe

Is er ... in de buurt?
Gibt es ... in der Nähe?

een parkeerplaats
einen Parkplatz

een supermarkt
einen Supermarkt

een restaurant
ein Restaurant

een pizzeria
eine Pizzeria

een café
eine Kneipe

een strand
einen Strand

een zwembad
ein Schwimmbad

een schaatsbaan
eine Eisbahn

een fiets(en)verhuur
einen Fahrradverleih

Hotelsuche

Ik zoek een hotel.	Ich suche ein Hotel.
Ik zoek een pension.	Ich suche eine Pension.
Kunt u mij ... geven?	Können Sie mir ... geben?
het telefoonnummer	die Telefonnummer
het adres	die Adresse
Voor hoeveel personen?	Für wie viele Personen?
Voor ... personen.	Für ... Personen.

Wann genau?

Voor wanneer?	Für wann?
Voor deze nacht.	Für diese Nacht.
Voor hoeveel nachten?	Für wie viele Nächte?
Voor hoeveel dagen?	Für wie viele Tage?
Voor ... nachten/dagen.	Für ... Nächte/Tage.
Van ... tot ...	Vom ... bis zum ...

Was für ein Zimmer?

Ik wil graag ... boeken.	Ich möchte ... reservieren.
een tweepersoonskamer	ein Doppelzimmer
een eenpersoonskamer	ein Einzelzimmer
een kamer met tweepersoonsbed	ein Zimmer mit Doppelbett
een kamer met twee enkele/aparte bedden	ein Zimmer mit zwei Einzelbetten
Kunt u er een kinderbedje bij zetten?	Können Sie ein Kinderbett dazustellen?
Hoeveel kost de kamer?	Wie viel kostet das Zimmer?
Hij kost ... euro per nacht.	Es kostet ... Euro pro Nacht.

Am Telefon

Hallo?	Hallo?
Hallo, met wie spreek ik?	Hallo, mit wem spreche ich?
Kunt u wat harder/ VL *luider* praten?	Können Sie etwas lauter sprechen?
Kunt u wat langzamer praten?	Können Sie etwas langsamer sprechen?
Kunt u dat alstublieft herhalen?	Können Sie das/es bitte wiederholen?
Dat heb ik niet begrepen.	Das habe ich nicht verstanden.

Bestätigung

Op welke naam?	Auf welchen Namen?
Kunt u mij de bevestiging ... sturen?	Können Sie mir die Bestätigung ... schicken?
via internet	übers Internet
Mijn telefoonnummer is ...	Meine Telefonnummer ist ...
Mijn mobielnummer/ VL *gsm-nummer* is ...	Meine Handynummer ist ...
Mijn e-mailadres is ...	Meine E-Mail-Adresse ist ...

Was mir sonst noch wichtig ist

TOERISME IN NEDERLAND EN BELGIË

Wist je dat?

Mei en juni zijn de beste maanden voor een reis naar Nederland of België. Het weer is vaak al prima en behalve in het weekend na Hemelvaartsdag en met Pinksteren is het niet zo druk. In het hoogseizoen kan het soms moeilijk zijn een verblijf te vinden. Dus: vroeg genoeg boeken! Je kunt kiezen voor een hotel, bed & breakfast (simpel hotel, vaak van een familie), camping, jeugdherberg, pension en vakantie op een boerderij.

Maar waarheen?

Wie niet precies weet waarnaartoe in Nederland of België heeft misschien iets aan de Groene Vakantiegids. In deze vakantiegids vind je vele ecologische vakantieplaatsen. Ook iets voor jou? Meer informatie is te vinden op: http://www.groenevakantiegids.nl/

Reserveringen

In de meeste hotels en pensions kun je vooraf reserveren per e-mail. Hier een standaardmail voor zo'n reservering. (tuin = Garten)

> Geachte heer, mevrouw,
>
> Graag wil ik een tweepersoonskamer met halfpension boeken van 25 augustus tot 2 september, indien mogelijk met uitzicht op de tuin.
> Alvast hartelijk dank voor uw antwoord.
>
> Met vriendelijke groet(en),
>
> voornaam, naam

BRUGGE – KANALENSTAD

Niet te missen! – Bezienswaardigheden

Meer dan zes miljoen toeristen bezoeken gemiddeld per jaar *Brugge*. Het middeleeuwse stadje in het noordwesten van België heeft zelf slechts een beetje meer dan 118.000 inwoners. Zes miljoen bezoekers zijn dan best veel!
Je komt daar dus ook veel mensenmassa's tegen. Maar er zijn ook nog rustige plekjes in Brugge, zoals bijvoorbeeld het Gezellekwartier of het Begijnhof. Ook de Brugse Vesten, de groene gordel die parallel aan de vroegere stadsmuren om de historische stad heen loopt, bieden wat meer rust.

Smakelijk! – Regionale specialiteiten

Brugge is wereldberoemd voor zijn bieren. De bekendste zijn *Brugse Zot* en *Straffe Hendrik*. Vroeger waren er vele brouwerijen in de stad, daarvan is alleen *De Halve Maan* overgebleven. Bij een fris biertje smaakt een stukje kaas van West-Vlaamse melk het beste: *Oud Brugge* of *Rodenbach* zijn een paar voorbeelden. Veel honger? Proef dan eens konijn met pruimen dat traditioneel met bier wordt toebereid.

Geheime tips

Een prima idee voor de start van je Brugge-tour is het *Historium*. Je krijgt hier een interactieve introductie over de gouden eeuw van de stad door een schilders-leerling die je meeneemt op weg door het leven in de stad in de middeleeuwen. Geniet daarna ter ontspanning van een kleine bierproeverij in het torencafé. Je hebt er een adembenemend uitzicht op het marktplein. Brugge is overigens maar een kwartiertje met de trein van de Noordzee vandaan, ideaal dus om een stadsbezichtiging met een middagje aan het strand van Oostende te combineren.

5

Im Hotel – In het hotel

Luxus pur

Welche der folgenden Gegenstände, die man üblicherweise in einem Hotelzimmer findet, können Sie auf dem Foto erkennen? Was bedeuten wohl die anderen?

1. bed
2. telefoon
3. kast
4. tafel
5. televisie
6. stoel
7. tapijt
8. gordijnen
9. kussen
10. lamp

Was Sie in dieser Lektion lernen:
- wie man an der Rezeption eincheckt.
- wie man sich nach der Lage des Zimmers erkundigt.
- wie man fragt, ob das Frühstück inbegriffen ist.
- wie man ausdrückt, dass etwas nicht funktioniert.

Hotels & Pensionen

Für Informationen und Reservierungen bieten sich entweder das Internet oder die niederländischen bzw. flämischen Fremdenverkehrsämter an, bei denen man Unterkunftsverzeichnisse ordern kann.

Wij hebben een kamer geboekt.

Hören Sie den Dialog. Für wie viele Nächte wurde das Zimmer reserviert und ist das Frühstück inbegriffen? ▶ 26

- ■ Goedenavond, wij hebben een kamer bij u geboekt.
- ● Welkom. Wat is uw naam, alstublieft?
- ■ Mijn naam is Peter Schmidt. Hier is de bevestiging.
- ● Heeft u een identificatiebewijs bij zich?
- ■ Natuurlijk, is mijn identiteitskaart goed?
- ● Uitstekend. Het is voor twee nachten, nietwaar?
- ■ Nee, nee, voor drie nachten. We checken zaterdag uit.
- ● Ah precies ... u heeft kamer 25 (vijfentwintig), op de tweede verdieping. Hier is de sleutel.
- ■ Dank u wel.
- ● De lift is hier links.
- ■ Bedankt ... Oh sorry[1], het ontbijt is toch bij de prijs inbegrepen?
- ● Jazeker. Het wordt hier op de begane grond van zeven tot tien uur geserveerd.
- ■ Perfect, bedankt voor uw hulp en goedenacht!
- ● Graag gedaan. Goeienacht en een fijn verblijf!

VLAAMS [1] excuseer (me/mij) [2] de kredietkaart (auch in NL gebräuchlich)

Bestätigung etc.
Hier is ...
Hier ist ...

de bevestiging
die Bestätigung

de voucher
der Voucher

mijn creditcard[2]
meine Kreditkarte

mijn paspoort
mein Reisepass

mijn identiteitskaart
mein Personalausweis

Wie lange bleiben Sie?
Ik wil graag ... blijven.
Ich würde gern ... bleiben.

Wij willen graag ... blijven.
Wir würden gern ... bleiben.

één nacht(je)
eine Nacht

twee/drie/vier nachten
zwei/drei/vier Nächte

inchecken
einchecken

uitchecken
auschecken

Frühstück
Het ontbijt ...
Das Frühstück ...

... is (niet) bij de prijs inbegrepen.
... ist (nicht) im Preis inbegriffen.

halfpension
Halbpension

volpension
Vollpension

Aussprache
ui: keine Entsprechung im Deutschen. In etwa wie **ö** gefolgt von einem **j** wie im französichen „**feuill**eton",
z. B. uitstekend, uitchecken

Worauf es ankommt

Reservierung
Man sagt: Ik heb/Wij hebben een reservering. *(Ich habe/Wir haben eine Reservierung.)* oder Ik heb/Wij hebben een kamer geboekt. *(Ich habe/Wir haben ein Zimmer reserviert.)* Man fragt: Heeft u een boeking/een reservering? *(Haben Sie eine Reservierung?)*

Die Wochentage
maandag *(Montag)*, dinsdag *(Dienstag)*, woensdag *(Mittwoch)*, donderdag *(Donnerstag)*, vrijdag *(Freitag)*, zaterdag *(Samstag)* und zondag *(Sonntag)*

Die Ordnungszahlen
Sie lauten: eerste *(1.)*, tweede *(2.)*, derde *(3.)*, vierde *(4.)*, vijfde *(5.)*, zesde *(6.)*, zevende *(7.)*, achtste *(8.)*, negende *(9.)* und tiende *(10.)*. Anders als im Deutschen sind Ordnungszahlen im Niederländischen unveränderlich, es sei denn, sie werden selbstständig für Personen gebraucht (z. B. De eersten zijn de besten).

Ein bisschen Grammatik

Die v-f- und z-s-Regel: Im Niederländischen werden am Wortende (und auch vor Konsonanten) die stimmhaften Konsonanten v und z zu den stimmlosen f und s:

geven – ik geef, jij geeft — geben – ich gebe, du gibst
lezen – ik lees, jij leest — lesen – ich lese, du liest

Oefeningen

1 Verständnis und Aussprache

Sicher verstehen Sie diese Sätze, nicht wahr? Dann sprechen Sie sie bitte nach! ▶ 27

1. Ik heb een boeking.
2. Wat is uw naam, alstublieft?
3. Heeft u een identificatiebewijs bij zich?
4. Hier is mijn identiteitskaart.
5. Heeft u bagage?
6. Het ontbijt is niet bij de prijs inbegrepen.

de bagage = das Gepäck

2 Topf und Deckel

Hier passt nur eine Antwort zu einer Frage. Wissen Sie, welche?
In Zweiergruppen ist's gar nicht so schwer, oder?

1. Heeft u een boeking?
   a. Ja, in orde.
   b. Ja, hier is de bevestiging.
2. Het is voor twee nachten, nietwaar?
   a. Ja, precies.
   b. Hier is de sleutel.
3. Heeft u bagage?
   a. Nee, we hebben geen bagage.
   b. Heel vriendelijk.
4. Is er een lift?
   a. Goedenacht!
   b. Ja, hij is hier links.

3 Einfach formulieren

Sie tauchen ohne Reservierung in einem Hotel auf und müssen auf Niederländisch formulieren, ...

1. dass Sie ein Einzelzimmer bis Samstag brauchen.
2. dass Sie ein Doppelzimmer mit Halbpension brauchen.
3. dass Sie ein Zimmer mit Doppelbett brauchen.
4. dass Sie ein Zimmer mit zwei Einzelbetten brauchen.
5. dass Sie ein Doppelzimmer mit Frühstück brauchen.

4 Nur einsetzen

Setzen Sie die vorgegebenen Wörter in den Beispielsatz ein – und zwar pro Kursteilnehmer mindestens einen Satz.

We willen graag voor **één nacht** blijven, wij checken **maandag** uit.

1. één nacht – maandag
2. twee nachten – dinsdag
3. drie nachten – woensdag
4. vier nachten – donderdag
5. vijf nachten – vrijdag
6. zes nachten – zaterdag
7. zeven nachten – zondag

5 Bitte nachspielen

Spielen Sie mit Ihrem Tischnachbarn den Dialog auf Seite 40 nach und verwenden Sie die Ihnen bekannten Wörter und Wendungen.

- ■ Goedemorgen, we hebben een reservering voor ...
- ● Goeiedag, wat is uw naam, alstublieft?
- ■ Mijn naam is ...
- ● Ah ja, het is voor een kamer ... voor ... nachten, nietwaar?

Was für ein Zimmer?
een kamer
ein Zimmer
die aan de straatkant ligt
das zur Straße hin liegt
die aan de achterkant ligt
das nach hinten raus liegt
met zeezicht
mit Meerblick

Steigerung von Eigenschaftswörtern
groot
groß
groter
größer
rustig
ruhig
rustiger
ruhiger

Was nicht funktioniert ...
de airco(nditioning)
die Klimaanlage
de douche
die Dusche
de kraan
der Hahn
het licht
das Licht
de verwarming
die Heizung
de televisie
das Fernsehen
de ventilator
der Ventilator
het stopcontact
die Steckdose
... werkt niet/doet het niet
... funktioniert nicht

Was man so braucht
Zou ik nog ... kunnen hebben?
Könnte ich noch ... haben?
een deken
eine Decke
een handdoek
ein Handtuch
een badlaken
ein Badetuch

De kamer bevalt me niet.

Hören Sie den Dialog und bringen Sie ihn in die richtige Reihenfolge. ▶ 28

__ ■ Sorry[1], maar de kamer bevalt me niet. Heeft u een grotere en rustigere die niet aan de straatkant ligt?
__ ● Wat kan ik voor u doen?
__ ■ Hartelijk bedankt, en zou ik alstublieft nog een deken kunnen hebben?
1 ● Met de receptie, goedenavond.
__ ■ Voor u hetzelfde.
__ ● Het spijt me, vandaag is jammer genoeg alles vol, maar morgen komt er een kamer met zeezicht vrij.
__ ■ Heel goed, maar er is nog een ander probleem. In deze kamer doet de douche het niet en er is geen warm water ... oh en bovendien sluit het raam niet!
__ ● Maar natuurlijk. Een fijne avond.
__ ■ Goedenavond, ik bel van kamer 25 (vijfentwintig).
__ ● Oei! Maakt u zich geen zorgen, ik stuur meteen iemand langs.

VLAAMS [1] Excuseer (me/mij)

Worauf es ankommt

Gibt es ...?
Is er ...?, z. B. Is er warm water? – Nee, er is **geen** warm water. *(Gibt es warmes Wasser? – Nein, es gibt **kein** warmes Wasser.)* Das Gleiche in der Mehrzahl: Zijn er kussens? – Nee, er zijn **geen** kussens. *(Gibt es Kissen? – Nein, es gibt **keine** Kissen.)*

Zeitangaben
vandaag *(heute)*, morgen *(morgen)*, gisteren *(gestern)*, vanmorgen *(heute Morgen)*, vanavond *(heute Abend)*, vannacht *(heute Nacht)*

Ein bisschen Grammatik

Sie haben bereits gelernt, dass es im Niederländischen de- und het-woorden gibt. Anders als im Deutschen gibt es also nur zwei bestimmte Artikel. Der unbestimmte Artikel ist für beide Gruppen gleich: een. Die Artikel werden nicht wie im Deutschen dekliniert, sondern bleiben unverändert: z. B. Ik zie **de** ventilator. **De** ventilator werkt. *(Ich sehe **den** Ventilator. **Der** Ventilator funktioniert.)* Zie je **de** man? Is met **de** man alles OK? *(Siehst du **den** Mann? Ist mit **dem** Mann alles O.K.?)* Kan ik nog **een** deken hebben? **Een** deken is belangrijk. *(Kann ich noch **eine** Decke haben? **Eine** Decke ist wichtig.)* Das Gleiche gilt für die Verneinung des unbestimmten Artikels: geen, z. B. Er is **geen** handdoek. Er zijn **geen** handdoeken. *(Es gibt **kein** Handtuch. Es gibt **keine** Handtücher.)*

Oefeningen

1 Verständnis und Aussprache

Verstehen Sie diese Wendungen? Dann bitte mal nachsprechen! ▶ 29

1. Goedemorgen, wat kan ik voor u doen?
2. De kamer bevalt ons niet.
3. Het spijt me, maar vannacht zijn we helemaal volgeboekt.
4. Wanneer komt er een kamer met zeezicht vrij?
5. De douche doet het niet.
6. Maakt u zich geen zorgen!

ons = uns
volgeboekt = ausgebucht

2 Bitte verneinen Sie

Die niederländischen Verben werden wie im Deutschen verneint.
Bitte machen Sie die Übung einmal abwechselnd mit Ihrem Tischnachbarn.

1. De verwarming werkt.
2. De kamer bevalt me.
3. Is er een rustigere kamer?
4. Er is warm water.
5. De kamer ligt aan de straatkant.

3 Hören und verstehen

Achten Sie in diesem Text wieder genau auf alle Informationen und ergänzen Sie die Aussagen bzw. beantworten Sie die Fragen. ▶ 30

1. Ans zegt: mij bevalt ... niet.
   a. het hotel
   b. de kamer
2. Zij wil een ... kamer.
   a. grotere
   b. rustigere
3. Wat werkt niet?
   a. De douche.
   b. De verwarming.
4. Is er warm water?
   a. Ja, er is warm water.
   b. Nee, er is alleen koud water.

4 Welche Antwort passt?

Hier passt nur eine Antwort pro Frage. Wissen Sie, welche? Wenn ja, dann spielen Sie die Minidialoge bitte mit Ihrem Nachbarn durch.

1. Hebt u een grotere kamer?
   a. Sorry[1], mevrouw.
   b. Ja, maar aan de straatkant.
2. Waar is de lift?
   a. Hier, maar hij doet het niet.
   b. Hier is de ventilator.
3. Is er warm water?
   a. Nee, er is alleen koud water.
   b. Het raam sluit niet.
4. Mag ik nog een deken?
   a. Een fijne avond!
   b. Natuurlijk.

5 Bitte improvisieren

Spielen Sie den Dialog auf Seite 42 zu zweit nach und improvisieren Sie mit den Ihnen bekannten Wendungen.

- ■ Met de receptie, goeienavond.
- ● Goeienavond, ik bel van kamer ...
- ■ Wat kan ik voor u doen?
- ● Er is een probleem. ... doet het niet en er is geen ...
- ■ Oei! Maakt u zich geen zorgen, ik stuur meteen iemand.
- ● Bedankt, en zou ik alstublieft nog ... kunnen hebben?

Het belangrijkste in één oogopslag

Allgemeines 31

Heeft u …?
Haben Sie …?

Wat kan ik voor u doen?
Was kann ich für Sie tun?

Het spijt me.
Es tut mir leid.

Pech gehabt

We zijn helemaal vol.
Es ist alles belegt.

Het hotel is volgeboekt.
Das Hotel ist ausgebucht.

Was man so braucht

Zou ik nog … kunnen hebben?
Könnte ich noch … haben?

een glas
ein Glas

een deken
eine Decke

een kussen
ein Kissen

een laken
ein Bettlaken

een paar kleerhangers/
VL *kapstokken*
einige Kleiderbügel

een asbak
einen Aschenbecher

een handdoek
ein Handtuch

een badlaken
ein Badetuch

toiletpapier/wc-papier
Toilettenpapier

Wie lange man bleibt	
Ik wil graag … blijven.	Ich würde gern … bleiben.
Wij willen graag … blijven.	Wir würden gern … bleiben.
één nacht(je)	eine Nacht
twee/drie/vier nachten	zwei/drei/vier Nächte

Was nicht funktioniert …	
de airco(nditioning)	die Klimaanlage
de douche	die Dusche
het licht	das Licht
de verwarming	die Heizung
de waterspoeling	die Wasserspülung
de televisie/tv	das Fernsehen
de ventilator	der Ventilator
… werkt niet/doet het niet.	… funktioniert nicht.
het toilet/de wc	die Toilette
de afvoer	der Abfluss
… is verstopt.	… ist verstopft.
het raam	das Fenster
de deur	die Tür
… sluit niet.	… lässt sich nicht schließen.
… gaat niet open.	… lässt sich nicht öffnen.

Auschecken	
Ik check uit.	Ich checke aus.
Wij checken uit.	Wir checken aus.
Kunt u alstublieft de rekening maken?	Können Sie bitte die Rechnung vorbereiten?
Ik betaal …	Ich zahle …
met de creditcard/VL NL *de kredietkaart*	mit Kreditkarte
cash/contant	in bar
Kunt u alstublieft hier tekenen?	Können Sie bitte hier unterschreiben?

Camping	
Heeft u nog plaats voor …?	Haben Sie noch Platz für …?
Hoeveel kost het voor …?	Was kostet es für …?
een auto met caravan	ein Auto mit Wohnwagen
een camper/een tent	ein Wohnmobil/ein Zelt
één persoon	eine Person
twee/drie/vier personen	zwei/drei/vier Personen

Was mir sonst noch wichtig ist

ACCOMMODATIE

Wist je dat?

In de grote steden kunnen de prijzen voor een kamer heel hoog zijn. In kleinere stadjes en op het platteland kun je vaak sympathieke en onconventionele accommodaties vinden, vaak geleid door families. Een prima mogelijkheid om in een korte tijd het „echte" leven in Nederland of België te leren kennen.

Alternatieve vakantie?

Helaas zijn in sommige toeristenplaatsen, vooral langs de Noordzeekust, vele hotels niet veel meer dan betonblokken die in de jaren zestig en zeventig snel gebouwd werden om aan de stijgende vraag van toeristen te voldoen. Sinds een paar jaar is er echter een ontwikkeling in de richting van alternatief toerisme. Zo worden bijvoorbeeld boerderijen omgebouwd tot vakantieboerderijen. Of wie meer bezinning zoekt, kan in een klooster overnachten.

Camping

Nederlanders zijn de koningen van de campingvakantie. Ook in eigen land gaan ze graag op reis met tent, caravan of camper. Vooral in het hoogseizoen is vaak iedere meter op de camping bezet. Trouwens: wild kamperen is niet aan te bevelen en is in vele plaatsen ook strafbaar.

ZEELAND – PLEZIER VOOR JONG EN OUD

Niet te missen! – Bezienswaardigheden

Zeeland, het land in de zee, is een van de indrukwekkendste provincies van Nederland. Het bestaat uit twee eilanden en vier schiereilanden, waardoor er een zeer lange kustlijn is. Na de overstromingen van 1953 werden hier de Deltawerken gebouwd, het beroemde systeem dat Zeeland tegen overstromingen en stormvloed beschermd. Zeeland had in de zeventiende en achttiende eeuw een belangrijke rol en heeft daarom nu vele historische steden. *Middelburg*, *Veere* en *Zierikzee* laten de rijke verleden tijd zien waarin de Zeeuwse Handelskamer na de Amsterdamse Handelskamer de belangrijkste rol speelde.

Smakelijk! – Regionale specialiteiten

Mosselen, oesters en garnalen, maar ook zwarte bessen en asperges: Zeeland is een paradijs voor fijproevers. De zee, de velden, de polders en boomgaarden staan vol met natuurlijke en aromatische producten. Wie in Zeeland in een restaurant gaat eten, ontdekt talloze delicatessen. In de vele mosselrestaurants staan grote dampende potten met mosselen op tafel. Of een ander typisch gerecht zijn asperges met ham en ei. Een deegspecialiteit die je beslist moet proeven is de bolus. Een echte Zeeuwse bolus wordt vers gegeten met een flink stuk Zeeuwse boter. Dorst hoef je in Zeeland ook niet te hebben. Appels, peren, rode bessen en gerst groeien hier optimaal. Door het goede Zeeuwse klimaat kunnen er zelfs bijzondere druivensoorten geteeld worden.

Geheime tips

Echt interessant is de havenstad *Vlissingen* tijdens het jaarlijkse theaterfestival *Onderstroom* in juli. Drie dagen lang krijg je theater van internationale faam in de straten en muziek aan zee. Geniet van originele voorstellingen met de mooiste achtergrond.

6

In der Kneipe – In het café

Trockene Kehlen?

Vom ganzen Kofferschleppen und Zimmersuchen haben Sie sicher Durst bekommen. Zeit also, um sich in das Abenteuer des fremden Alltags zu stürzen. Als erste Anlaufstelle könnte hierfür ein typisches *bruin café* (wörtlich: braune Kneipe) dienen. Dies sind traditionelle, altmodisch eingerichtete Kneipen mit knapper Beleuchtung und jeder Menge dunkelbraunem Holz.

Folgende Getränke dürften Ihnen bekannt sein, fallen Ihnen noch andere ein?

1. het bier
2. de koffie
3. de thee
4. de kruidenthee
5. de witte wijn
6. de rode wijn
7. de spa rood
8. de spa blauw

Was Sie in dieser Lektion lernen:

- wie man etwas in einer Kneipe bestellt.
- wie man fragt, was man unternehmen kann.
- wie man sagt, dass einem etwas (nicht) gefällt.
- wie man den Weg beschreibt.

Nicht verwechseln!

Spa rood (rot) ist Sprudelwasser, **spa blauw** (blau) stilles Wasser. Die belgische Wassermarke Spa war historisch so bedeutungsvoll, dass sie eine Allgemeinbezeichnung für Wasser geworden ist. Lustig ist, dass man in Belgien selbst sein Wasser eher **spuitwater** bzw. **plat water** nennt.

Was man trinken/essen möchte

Wat mag het zijn?
Was darf's sein?

Wat neem jij/neemt u?
Was nimmst du/nehmen Sie?

één koffie (verkeerd)/twee koffies (verkeerd)
einen/zwei (Milch-)Kaffee

een glas ...
ein Glas ...

rode wijn/witte wijn
Rotwein/Weißwein

een broodje ...
ein Brötchen ...

kaas/haring
mit Käse/Hering

gezond
mit Salat, Tomaten, Ei, Gurke etc.

duurzaam
„nachhaltig"

Programm?

Wat is hier vanavond te doen?
Was kann man hier heute Abend machen?

Weet u of er ... is?
Wissen Sie, ob es ... gibt?

een bioscoop[1]/festival
ein Kino/Festival

Wat is dat?
Was ist das?

Er zijn ...
Es gibt ... (+ Mehrzahl)

leuke cafés
nette Lokale

Aussprache

Das **l** wird etwas kehliger als im Deutschen gesprochen, ähnlich wie im Kölner Dialekt: leuk (toll), festival (Festival). Das **i** wird wie im Deutschen ausgesprochen: ik (ich). Das **ie** ist die „verlängerte" Form, aber deutlich kürzer als die deutsche Entsprechung in „Liebe": niet (nicht), alstublieft (bitte). Soll das **e** gesprochen werden, wird es **ië** geschrieben: België.

Wat mag het zijn?

Hören Sie den Dialog und setzen Sie die fehlenden Ausdrücke ein. ▶ 32

broodje kaas – vis – koffie verkeerd – broodje gezond – rode wijn

- ● Goeiedag. Wat mag het zijn?
- ■ Goeiedag, voor mij een glas ________________, alstublieft.
- ● En voor u?
- ◆ Ik had graag een ________________. En welke broodjes heeft u?
- ● We hebben ________________, haring of gezond.
- ◆ Een broodje kaas, alstublieft.
- ■ En doet u voor mij maar een ________________.
- ● Alstublieft!
- ■ Bedankt. Weet u of hier vanavond iets interessants te doen is?
- ● Nou, er zijn veel leuke cafés, een paar disco's, ...
- ◆ Ja, maar ... wij dansen niet graag. Wij houden meer van een rustige avond. Weet u of er een bioscoop[1] of theater in de buurt is?
- ● Ja hoor, er is het filmtheater "De Uitkijk", aan de Prinsengracht. En dit weekend is het ook Seafood Parade bij de Landmarkt.
- ◆ Wat is dat?
- ● Dat is een festival in het teken van duurzame ________________. U kunt verschillende visgerechten proeven en demonstraties van chef-koks bijwonen.
- ■ Hmm, ik weet het niet ...
- ◆ Kom op! Ik hou van foodfestivals. En duurzaam is het lekkerst!

VLAAMS [1] de cinema

Worauf es ankommt

Bestellungen
Man sagt: Ik had graag ..., alstublieft. *(Ich hätte gern ..., bitte.)* oder einfach Voor mij ..., alstublieft. *(Für mich bitte ...).*

Wie es euch gefällt
Prägen Sie sich Ik hou van ... *(Mir gefällt/Ich mag ...)* bzw. Wij houden van ... *(Uns gefallen/Wir mögen ...)* ein: Wij houden van rustige cafés. *(Uns gefallen/Wir mögen ruhige Kneipen.)*

Ein bisschen Grammatik

Einige Hauptwörter bilden die Mehrzahl mit Apostroph und s, z. B.: disco *(Disko)* → disco's *(Diskos)*, taxi *(Taxi)* → taxi's *(Taxis)*. Es handelt sich um Wörter, die auf einen Vokal enden. Wenn dieser Vokal jedoch einen Akzent hat oder ein stummes -e ist, wird das -s der Mehrzahl direkt an den Vokal angehängt, z. B. café *(Kneipe)* → cafés *(Kneipen)*, suite *(Suite)* → suites *(Suiten)*.

Oefeningen

1 Verständnis und Aussprache

Lesen und hören Sie die Sätze und sprechen Sie sie bitte nach! ▶ 33

1. Ik had graag een glas witte wijn.
2. Voor mij alleen een koffie verkeerd, alstublieft.
3. Weet u wat hier vanavond te doen is?
4. Wij houden niet erg van dansen.
5. Waar kan ik traditionele gerechten proeven?
6. Weet u of er een café of een disco is?

Het café
Das niederländische **café** ist nicht das gleiche wie das deutsche. **Het café** bezeichnet eine Kneipe, in der auch alkoholische Getränke angeboten werden. In den Niederlanden wird auch das Synonym **kroeg** verwendet. Das niederländische Wort für das deutsche Café ist **tearoom**.

2 Bitte vervollständigen

Fantasie ist gefragt: Arbeiten Sie zu zweit. Vervollständigen Sie den Dialog und spielen Sie ihn.

1. Goeiedag, ik had graag ____________________.
2. Alstublieft.
3. Bedankt. Weet u wat hier ____________________ te doen is?
4. Er zijn veel ______________ en er is ook een ____________________.
5. Weet u of er een ____________________ is?
6. Jazeker, er is het ____________________.

3 Sätze bilden

Setzen Sie die Ausdrücke 1–6 in den Mustersatz ein. Sie können auch die Zeitangaben variieren: deze week (diese Woche), deze maand (diesen Monat), dit jaar (dieses Jahr), vandaag (heute), vanavond (heute Abend).

Is het deze week ...?

1. mosselfeest
2. kinderfilmfestival
3. Koningsdag
4. Goudse Kaasfeest
5. straattheaterfestival
6. bierfeest

4 Passende Formulierungen

Lesen Sie den Dialog noch einmal und finden Sie die passenden Formulierungen für die folgenden Situationen. Zu zweit geht's am besten.

1. in einer Bar etwas bestellen
2. fragen, was jemand essen und trinken möchte
3. fragen, was man abends unternehmen kann
4. fragen, ob es ein Kino oder Theater gibt
5. sagen, dass man etwas mag oder nicht mag
6. sagen, dass man lieber einen ruhigen Abend mag

Ik hou meer van ... = Ich mag lieber ...

5 Zeigen Sie sich spendabel

Fragen Sie jeweils zwei Ihrer Kurskollegen, was sie haben möchten.

■ Ik trakteer! Wat neem je?
● Ik had graag een biertje.
■ En jij?
▲ Doe mij maar een ...

Ik trakteer! = Ich lade ein!

Wo gibt's was?
Waar is de bioscoop[2]?
Wo ist das Kino?
In de buurt.
In der Nähe.
Vlakbij.
Nicht weit weg. / Um die Ecke.
Op het ...-plein
Auf dem ...-Platz.
In de ... -straat
In der ... -Straße.

Wegbeschreibung
Hoe lang duurt het?
Wie lange dauert es?
Het duurt ...
Es dauert ...
een kwartier(tje)
eine Viertelstunde
een halfuur
eine halbe Stunde
een uur
eine Stunde
vijf minuten
fünf Minuten

U slaat ... af.
Sie biegen ... ab.
aan het kruispunt
an der Kreuzung
bij het verkeerslicht
an der Ampel
rechtsaf
(nach) rechts
linksaf
(nach) links
U gaat rechtdoor.
Sie gehen geradeaus.

U moet omkeren.
Sie müssen umkehren.
Het is de parallelstraat van ...
Es ist die Parallelstraße von ...
Het is op de volgende hoek.
Es ist an der nächsten Ecke.
oversteken
überqueren
afslaan
abbiegen

Is het ver te voet?

Hören Sie den Dialog. Wie weit ist es zu Fuß bis zum Fischfest? ▶ 34

- Sorry[1] meneer, weet u waar het visfestival is?
- Ja, bij de Landmarkt ...
- Is het ver te voet?
- Nee nee, het is in de buurt, 10 minuutjes lopen. U gaat alsmaar rechtdoor tot bij het verkeerslicht, dan slaat u linksaf, u steekt de brug over en neemt de tweede straat rechts. Daar is de Landmarkt.
- Dus: alsmaar rechtdoor tot bij het verkeerslicht, dan naar links, de brug over en dan de eerste straat rechts. ...
- Nee nee, de tweede.
- O ja, we nemen de tweede straat rechts en we zijn er.
- Precies!
- Hartelijk bedankt en een fijne avond.
- U ook een fijne avond. En smakelijk eten!

VLAAMS [1] Excuseer (me/mij) [2] de cinema

Worauf es ankommt

Nah oder weit ...
Dicht *(nah)* und ver *(weit)* werden häufig mit den Präpositionen bij *(zu)* und van *(von)* verwendet: Het is dicht bij het Rembrandtplein. *(Es ist in der Nähe des Rembrandtplatzes.)*, Het is ver van jouw hotel. *(Es ist weit von deinem Hotel.)*

Links, rechts und geradeaus
U neemt ... *(Sie nehmen ...)* de eerste links *(die erste links)*, de tweede rechts *(die zweite rechts)* usw. U gaat rechtdoor. *(Sie gehen geradeaus.)*

Überqueren U steekt ... over. *(Sie überqueren ...)* z. B. het plein *(den Platz)*, de straat *(die Straße)*, de brug *(die Brücke)*.

Ein bisschen Grammatik

Ein Eigenschaftswort bleibt unverändert, wenn es ohne Hauptwort steht: de brug is **klein** *(die Brücke ist klein)*. Wenn es hingegen vor einem Hauptwort steht, bekommt es die Endung -e: de **kleine** brug *(die kleine Brücke)*. Von dieser Regel gibt es eine Ausnahme: Wenn das Hauptwort sächlich ist und der unbestimmte Artikel een oder geen *(kein)* vorausgeht, ändert sich das Eigenschaftswort nicht: een **klein** broodje *(ein kleines Brötchen)*, een **groot** ontbijt *(ein großes Frühstück)*. Achten Sie beim Anfügen der Endung -e auf die bereits gelernten Rechtschreibregeln (siehe Lektion 4B), z. B. de kamer is **groot** *(das Zimmer ist groß)* → de **grote** kamer *(das große Zimmer)*.

Oefeningen

1 Verständnis und Aussprache

Ist der Dialog auf Seite 50 klar? Dann macht es sicher keine Probleme, diese Sätze zu verstehen und nachzusprechen. ▶ 35

1. Weet je waar het mosselfeest is?
2. Ja, dat is in het centrum, op het Amstelplein.
3. Ga alsmaar rechtdoor tot aan de kerk.
4. Sla dan linksaf en steek het plein over.
5. Het is niet ver van jouw hotel.
6. Hartelijk bedankt en een fijne avond!

de kerk = die Kirche

2 Bitte einsetzen

Setzen Sie – möglichst zu zweit – die fehlenden Wörter in die Sätze ein.

links – centrum – rechtdoor – bedankt – steekt – waar

1. Sorry[1] mevrouw, weet u ____________ het Compagnietheater is?
2. Ja, dat is in het ____________ .
3. U gaat alsmaar ____________ tot bij het verkeerslicht.
4. Daar ____________ u de straat over.
5. Bij de volgende kruising gaat u naar ____________ .
6. Hartelijk ____________ !

3 Hören und verstehen

Lauschen Sie dem Dialog und beantworten Sie dazu bitte folgende Fragen bzw. ergänzen Sie den Satz. ▶ 36

1. Kees neemt ...
   a. een kruidenthee
   b. een koffie
2. Wat is er deze week te doen?
   a. Er is een festival.
   b. Er is een feest.
3. Waar is het?
   a. Het is op het Museumplein.
   b. Het is op het Muntplein.
4. Is het ver te voet?
   a. Ja, het is erg ver.
   b. Nee, het is vlakbij.

4 Bitte zuordnen

Ordnen Sie jeder Frage eine logische Antwort zu. Ihr Nachbar hilft sicher gern.

1. Waar is de bioscoop[2]?
2. Is het ver te voet?
3. Hoe lang duurt het?
4. Is het in de buurt van de Dam?
5. En daar slaan we rechtsaf?

a. Ja, daar is het heel dichtbij.
b. Nee, het is vlakbij.
c. Nee, linksaf.
d. Hij is in de Vijzelstraat.
e. Maar tien minuutjes.

5 Gespräche erarbeiten

Erarbeiten Sie mit Ihrem Tischnachbarn Frage und Antwort zu folgenden Themen.

1. fragen, wie man zum Käsefest kommt
2. fragen, ob das Ziel zu Fuß zu weit ist
3. fragen, ob man die U-Bahn nehmen kann
4. fragen, wie man zum Muntplein kommt
5. fragen, ob man ein Taxi dorthin nehmen muss
6. fragen, wie lange es dauert

de metro = die U-Bahn

Het belangrijkste in één oogopslag

Allgemeines ▶ 37

Ik weet het niet!
Ich weiß es nicht!

Kom op!
Komm schon!

Smakelijk (eten)!
Guten Appetit!

Wat jammer!
Wie schade!

Bezahlen

De rekening, alstublieft.
Die Rechnung, bitte.

Ik wil graag betalen, alstublieft.
Ich möchte bitte zahlen.

Hoeveel is het?
Was macht das?

U moet aan de kassa betalen.
Sie müssen an der Kasse zahlen.

Ik betaal ...
Ich zahle ...

Ik trakteer!
Es geht auf mich!

Kunt u ... euro wisselen?
Können Sie mir ... Euro wechseln?

Bestellungen

Ik had graag ..., alstublieft.	Ich hätte gern ..., bitte.
Voor mij ..., alstublieft.	Für mich bitte ...
een koffie (verkeerd)	einen (Milch-)Kaffee
een glas ...	ein Glas ...
rode wijn/witte wijn	Rotwein/Weißwein
een bier(tje)	ein Bier

Programm?

Wat is hier 's avonds te doen?	Was kann man hier abends machen?
Waar is er ...?	Wo gibt es ...?
een disco	eine Disko
een bioscoop/VL *een cinema*	ein Kino
een theater	ein Theater
Weet u of er ... is?	Wissen Sie, ob es ... gibt?
een concert	ein Konzert
een feest	ein Fest
een festival	ein Festival

Wo gibt's was?

Waar is de bioscoop/VL *de cinema*?	Wo ist das Kino?
Waar is het museum?	Wo ist das Museum?
Op het ...-plein	Auf dem ...-Platz.
In de ...-straat	In der ...-Straße.

Wo genau?

Het is voor ...	Es ist vor ...
Het is naast ...	Es ist neben ...
de kerk	der Kirche
de post	der Post
het station	dem Bahnhof

Wie komme ich hin?

U slaat ... af.	Sie biegen ... ab.
rechts / links	(nach) rechts / (nach) links
U moet omkeren.	Sie müssen umkehren.
Het is in de buurt/vlakbij.	Es ist in der Nähe.
Het is ver.	Es ist weit.
Gaat u (alsmaar) rechtdoor.	Gehen Sie (immer) geradeaus.
U steekt ... over.	Sie überqueren ...
het plein	den Platz
de straat	die Straße
de brug	die Brücke

Was mir sonst noch wichtig ist

IN HET CAFÉ

Wist je dat?

Er zijn veel trendy lounge- en cocktailbars in Nederland en België, maar de *bruine cafés* worden weer populairder. Een bruin café is een ouderwetse kroeg met een huiselijke sfeer, gordijntjes voor de ramen en rustieke kleedjes op de tafels. Gezellig! Ze heten bruine cafés vanwege de donkere meubels, donkere wanden en gordijnen die door de sigarettenrook letterlijk bruin zijn geworden. Veel van deze cafés zijn heel oud, sommige stammen zelfs nog uit het begin van de zeventiende eeuw. In Amsterdam strijden tenminste vier cafés om de titel van het alleroudste bruin café.

Jenever!

Een van de meest geliefde drankjes in het bruine café is de jenever (een traditionele *Schnaps*, in het Nederlands borrel genoemd). In Nederland nemen cafébezoekers vaak een *kopstootje*: een biertje met daarnaast een glas jenever. Je hebt jenever puur of in verschillende smaken, zoals bijvoorbeeld appel, bessen of citroen. Er zijn twee hoofdcategorieën van dit speciale drankje: jonge en oude jenever. Oude jenever is niet per sé oud wat leeftijd betreft, maar hij wordt met de oudere techniek gedestilleerd. Het resultaat is een zoete en rokerige smaak, vergelijkbaar met whisky. Om jenever op de juiste manier te drinken, buig je je over het kleine, tulpenvormige glaasje en je drinkt een beetje van de bovenkant voordat je het glas neemt en verder drinkt. Proost!

Ieder bier heeft zijn eigen glas

De planken in de bruine cafés zijn altijd goed gevuld, niet alleen met alcoholische dranken, maar ook met vele glazen. Iedere biersoort wordt in het passende glas geserveerd. In het juiste glas smaakt het het beste! Ieder bier is individueel en heeft voor zijn kleur en schuim zijn eigen plaats nodig. Krachtige en sterk gearomatiseerde bieren drink je uit glazen met een dikke buik en een wijde opening. Zo komt de smaak het best tot zijn recht. Glazen met een kelkvorm zijn meer geschikt voor donkere bieren omdat dit soort glazen het zachte bierschuim optimaal transporteert. Proosten kun je gelukkig met ieder glas!

NEDERLAND – HET VISPARADIJS

Niet te missen! – Bezienswaardigheden

Ieder jaar tussen begin mei en eind juli is het zover: de schepen met de beroemde *Hollandse Nieuwe* komen in de havens aan. Hollandse Nieuwe, dat is de nieuwe haring die in die periode wordt gevangen. Het is traditie dat ieder vangseizoen begint met de veiling van het eerste haringvat dat aan land wordt gebracht. Het geld dat met de veiling wordt opgehaald, vaak tienduizenden euro's, gaat naar een goed doel.

Smakelijk! – Regionale specialiteiten

Om als Hollandse Nieuwe te kunnen worden verkocht, moet de haring minstens zestien procent vet hebben en mag hij bij de vangst nog niet geslachtsrijp zijn. Bovendien moet de vis op traditionele wijze worden verwerkt. De Nederlandse haring is minder zout dan zijn Duitse broer. Na de vangst moet de haring vierentwintig uur in de vriezer liggen om te voorkomen dat eventuele parasitaire haringwormen overleven. Na het seizoen wordt dezelfde vis *maatjesharing* genoemd. De haring wordt meestal met kleingehakte rauwe uien geserveerd. In Rotterdam kun je zelfs haringijs met uitjes krijgen. Behalve Hollandse Nieuwe zijn ook nog *lekkerbekjes* en *kibbeling* – gepaneerde en gefrituurde kabeljauw – van harte aan te bevelen. Kibbeling komt van het Zeeuwse woord kibbel, wat viskaak betekent.

Geheime tips

De seizoensstart van de Hollandse Nieuwe wordt elk jaar in een paar Nederlandse havens groots gevierd. Dit feest wordt *vlaggetjesdag* genoemd omdat de schepen met vlaggetjes worden versierd. De bekendste plaats voor het feest is *Scheveningen*. Daar is dan in die tijd ook een gezellige straatmarkt.

TEST 1

1 Welche Antwort stimmt?

Können Sie sich noch an alle Informationen zur Landeskunde erinnern? Na dann kreuzen Sie sicher die richtigen Aussagen an.

1. Mit Niederländisch haben Sie ca. ... Gesprächspartner.
   a. 14 Millionen
   b. 24 Millionen
   c. 34 Millionen

2. „Koningsdag" in den Niederlanden feiert man am ...
   a. 7. April
   b. 17. April
   c. 27. April

3. Welcher ist der größte Hafen Europas?
   a. Brugge
   b. Rotterdam
   c. Antwerpen

4. Was ist die Abkürzung der niederländischen Fremdenverkehrsämter?
   a. VVV
   b. NLN
   c. PTT

5. Die „Deltawerken" sind ...
   a. ein System, das die Arbeit in den Niederlanden ehrlich verteilt.
   b. ein System, das Zeeland vor Überschwemmungen schützt.
   c. ein System, das Flugzeugen die Landung in den Niederlanden erleichtert.

6. Was ist ein „bruin café"?
   a. Eine Kneipe, in der man Brownies essen kann.
   b. Eine Cocktailbar.
   c. Eine altmodische Kneipe mit dunklem Mobiliar.

2 Fragen und Antworten

Sicherlich haben Sie die letzten sechs Lektionen aufmerksam bearbeitet und machen folglich diese Übung im Handumdrehen. Welche Antwort passt jeweils?

1. Hoe gaat het met u?
2. Bevalt de kamer u?
3. Heeft u gereserveerd?
4. Wat neemt u?
5. En wie is jouw vriend?
6. Heb je broers of zussen?
7. Is het ver te voet?
8. Ben je alleen in Nederland?

a. Ja, ik heb een broer en een zus.
b. Nee, ik ben hier met mijn vrouw.
c. Dit is Willem.
d. Voor mij alleen een koffie, alstublieft.
e. Ja, hier is de bevestiging.
f. Heel goed, bedankt.
g. Nee, heeft u een grotere en rustigere?
h. Nee hoor, het is hier in de buurt.

TEST 1

3 Fit für den „Ernstfall"?

Wiederholen Sie die Gesprächssituationen aus den vergangenen Lektionen, indem Sie eine fiktive Unterhaltung zu den folgenden Themen führen. Die angegebenen Satzfragmente und Floskeln sollten nur als Richtlinie dienen. Improvisieren ist angesagt!

1. Sie treffen Ihren Bekannten Herrn Dijkstra.
   - ■ Goedenavond, meneer Dijkstra. Hoe ...?
   - ● Heel ... En met u?
   - ■ Ook ... Mag ik u ... voorstellen?
   - ● Aangenaam.
2. Sie halten einen Plausch mit einem/einer Fremden.
   - ■ U bent geen Nederlander/Nederlandse, of wel?
   - ● Nee, ik ben ..., uit ... En u?
   - ■ ... En wat is uw beroep?
   - ● Ik ben ... Bent u getrouwd?
3. Sie rufen bei einem Hotel zwecks Zimmerreservierung an.
   - ■ Hotel ..., goedemorgen ... Hoe kan ik u helpen?
   - ● Ik wil graag een ... kamer met ... boeken vanaf ... voor ... nachten.
   - ■ Op welke naam, alstublieft?
   - ● ... Kunt u mij de bevestiging ... sturen, ...?
4. Sie sitzen im Zug und erkundigen sich beim Schaffner.
   - ■ ... kwalijk, (om) hoe laat komen we in ... aan?
   - ● ... heeft ... minuten vertraging, we komen om ...
   - ■ En (om) hoe laat vertrekt van daar de trein naar ...?
   - ● ... vertrekt elk ..., van spoor ...
5. Ihre Freundin Loes läuft Ihnen zufällig über den Weg.
   - ■ Hoi Loes, hoe ...?
   - ● ... Mag ik ... voorstellen.
   - ■ ... Bent u Italiaan?
   - ● Nee, ... Doei!
6. Sie erkundigen sich an der Hotelrezeption.
   - ■ ... Is er hier vanavond iets te doen?
   - ● Er zijn ... en als u van dansen houdt ...
   - ■ Wij houden meer van ... Weet u of er een ... is?
   - ● Ja hoor, er is ... in de ...

4 Und jetzt noch schnell auf Niederländisch!

Bis hier hat sicherlich alles gut geklappt, oder? Wenn Sie jetzt noch diese Sätze auf Niederländisch wiedergeben können, sind Sie reif für den zweiten Teil unseres Sprachkurses.

1. Wie viel Uhr ist es? ____________________
2. Herzlichen Dank. ____________________
3. Gern geschehen! ____________________
4. Bis zum nächsten Mal! ____________________
5. Ich hätte gern einen Milchkaffee. ____________________
6. Ich suche ein Hotel. ____________________
7. Sehr erfreut. ____________________
8. Wo ist die Touristeninformation? ____________________

7

Im Restaurant – In het restaurant

Was Sie in dieser Lektion lernen:
- wie man sich nach dem Essen erkundigt und etwas in einem Restaurant bestellt.
- wie man um eine Empfehlung bittet.
- wie man sagt, dass man etwas anderes bestellt hat.
- wie man um die Rechnung bittet.

Und was ist Ihr Leibgericht?

Kennen Sie die folgenden Gerichte? Welches mögen Sie am meisten oder würden Sie am liebsten probieren?

1. Gentse waterzooi
2. konijn met pruimen
3. snert[1]
4. broodje kroket
5. mosselen met patat[2]
6. appelflappen
7. stoofvlees
8. koninginnenhapje
9. stroopwafels
10. stamppot[3]

VLAAMS [1] erwtensoep [2] friet (wird auch im südlichen Teil der Niederlande be+nutzt) [3] stoemp

Lekker!

Gutes Essen ist den Belgiern wichtiger als ihren Nachbarn. Das hat wohl mit ihrer katholisch-burgundischen Vergangenheit zu tun. Die Qualität der belgischen Küche ist hoch. Die Belgier kochen selbst gern und erwarten daher, dass es im Restaurant noch besser ist. Kein Wunder also, dass die Pro-Kopf-Zahl der Restaurants in Belgien gut 30 % höher ist als in den Niederlanden.

Wij willen graag een typisch gerecht.

Hören Sie den Dialog und bringen Sie die drei Teile in die richtige Reihenfolge. ▶ 38

☐ ● Hier is de menukaart.
■ Dank u , wij willen graag een typisch gerecht. Wat kunt u ons aanbevelen?
● De mosselen met patat zijn heel lekker of anders de pasta met kokkels, die heb ik zelf nog liever.
▲ Zit er room in de saus van de pasta?

☐ ■ Goedenavond, heeft u een tafeltje voor twee?
● Jazeker, is dit hier goed of liever bij het raam?
■ Bij het raam is nog gezelliger, dank u wel.

☐ ● Ja, mevrouw.
▲ Doet u dan maar de mosselen voor mij.
■ En ik neem de pasta, alstublieft.
● OK. Wenst u een voorgerecht?
■ Nee, dank u, alleen een hoofdgerecht. En een fles witte huiswijn, alstublieft.
● Komt er zo aan!

Worauf es ankommt

Wo ist Platz?
Nach einem Tisch fragen: Heeft u een tafel(tje) voor ...? *(Haben Sie einen Tisch für ...?)*
Schon reserviert: Ik heb een tafel op de naam ... gereserveerd. *(Ich habe einen Tisch auf den Namen ... reserviert.)*

Empfehlungen
Wat kunt u mij/ons aanbevelen/aanraden? *(Was können Sie mir/uns empfehlen?)*, Ik kan u ... aanbevelen. / Ik raad u ... aan. *(Ich kann Ihnen ... empfehlen. / Ich empfehle Ihnen ...)*

Bestellungen
Om te eten/Om te drinken wil ik/willen wij graag ... bzw. Om te eten/Om te drinken had ik/hadden wij graag ... *(Ich hätte gern/Wir hätten gern zum Essen/zum Trinken ...)* oder einfach Ik neem/Wij nemen ... *(Ich nehme/Wir nehmen ...)*

Ein bisschen Grammatik

Man bildet die Steigerungsform (Komparativ) von Eigenschaftswörtern in der Regel, indem man die Endung -er anhängt.

gezellig → gezelliger — gemütlich → gemütlicher
duurzaam → duurzamer — nachhaltig → nachhaltiger

Und wie im Deutschen gibt es auch einige unregelmäßige Formen:

graag → liever — gern → lieber
goed → beter — gut → besser

Bestellen
Kunt u ons de menukaart brengen?
Können Sie uns die Karte bringen?

Ik wil graag/Wij willen graag bestellen ...
Ich würde gern/Wir würden gern ... bestellen.

Bent u klaar om te bestellen?
Möchten Sie jetzt bestellen? (wörtlich: Sind Sie bereit zu bestellen?)

Heeft u uw keuze gemaakt?
Haben Sie Ihre Wahl getroffen?

Wat mag het voor u zijn?
Was darf es für Sie sein?

Als voorgerecht/hoofdgerecht/nagerecht ...
Als Vorspeise/Hauptgericht/Nachspeise ...

Ik wil/had graag ... / Voor mij ...
Ich hätte gern ... / Für mich ...

Onze specialiteit is/zijn ...
Unsere Spezialität ist/sind ...

kokkels
Herzmuscheln

Sonderwünsche
Welke wijn raadt u mij/ons aan?
Welchen Wein empfehlen Sie mir/uns?

Zit er room in dit gerecht?
Ist in diesem Gericht Sahne?

Is het pikant?
Ist es scharf?

Ik ben vegetariër.
Ich bin Vegetarier/in.

Bitte
Mit maar kann man eine Bitte höflicher formulieren.

Zegt u het maar!
Was darf es denn für Sie sein?

Doet u mij maar de pasta.
Für mich die Pasta, bitte.

Partizip
Die meisten Verben bilden ihr Partizip mit ge-: gemaakt (gemacht), gereserveerd (reserviert), gevonden (gefunden).

Oefeningen

1 Verständnis und Aussprache

Verstehen Sie diese Sätze? Dann sprechen Sie sie bitte nach! ▶ 39

1. Is er een tafel vrij voor drie?
2. Kunt u ons de menukaart brengen?
3. Wat kunt u aanbevelen?
4. Onze specialiteit is Gentse waterzooi.
5. Ik had graag de stamppot, alstublieft.
6. En om te drinken een halve liter rode huiswijn.

Gentse waterzooi = ostflämischer Eintopf mit Huhn

2 Welche Antwort passt?

Hier macht nur eine Antwort Sinn. Wissen Sie, welche? Gut, dann spielen Sie das mit Ihrem Tischnachbarn bitte durch.

1. Bent u klaar om te bestellen?
   a. Ja, ik ben vegetariër.
   b. Ja, alstublieft.
2. Welke wijn raadt u ons aan?
   a. De rode huiswijn.
   b. Goed.
3. Neemt u een fles?
   a. Nee, beter twee glazen.
   b. Nee, bedankt, alleen een voorgerecht.
4. Is het pikant?
   a. Dank u wel.
   b. Nee, niet te erg.

3 Empfehlungen

Spielen Sie mit Ihrem Tischnachbarn einen Gast und einen Kellner und basteln Sie aus den Satzbausteinen einen sinnvollen Menüvorschlag.

Wat kunt u mij ... aanbevelen? – Ik raad u ... aan.

1. als aperitiefhapje	a. een garnaalkroket
2. om te drinken	b. de appelflap
3. als voorgerecht	c. de tomatensoep
4. als hoofdgerecht	d. het koninginnenhapje met friet
5. als nagerecht	e. de witte huiswijn

aperitiefhapje = Appetithappen
koninginnenhapje = Blätterteigpastete

4 Was passt zueinander?

Finden Sie die deutsche Entsprechung jedes niederländischen Satzes?

1. Ik had graag ...	a. Was empfehlen Sie?
2. Dit tafeltje is vrij.	b. Ich bin Vegetarier.
3. Hier is de menukaart.	c. Was nehmen Sie?
4. Wat neemt u?	d. Ich hätte gern ...
5. Wat kunt u aanbevelen?	e. Hier ist die Karte.
6. Ik ben vegetariër.	f. Dieser Tisch ist frei.

5 Bitte nachspielen

Spielen Sie jeweils zu zweit den Dialog auf Seite 58 nach und improvisieren Sie mit den Ihnen bekannten Ausdrücken und Wendungen.

■ Goeienavond, heeft u een tafeltje voor ...?
● Is dit hier goed?
■ Ja, prima. Kunt u ons de menukaart brengen, alstublieft?
● Jazeker.
■ Om te eten had ik graag ... en om te drinken ...

Was man so braucht ...
Wat heeft u als nagerecht?
Was haben Sie als Dessert?

Kunt u ons nog ... brengen?
Können Sie uns noch ... bringen?

een beetje brood
ein bisschen Brot

een fles water
eine Flasche Wasser

spa blauw[3]
stilles Wasser

spa rood[4]
Sprudelwasser

zout/peper
Salz/Pfeffer

olie/azijn
Öl/Essig

een paar tandenstokers
ein paar Zahnstocher

een servet
eine Serviette

Neem je ...?
Nimmst du ...?

een kopje koffie[5]
einen Kaffee

een nagerecht/een dessert
eine Nachspeise/ein Dessert

Probleme?
Het is te pikant/zout.
Es ist zu scharf/versalzen.

Het is niet warm genoeg.
Es ist nicht warm genug.

Het is koud.
Es ist kalt.

Het vlees is nog rauw.
Das Fleisch ist noch roh.

Het smaakt niet vers.
Es schmeckt nicht frisch.

Aussprache
Den Diphthong **ou** spricht man genau gleich wie **au**, beides wie das deutsche **au** in „Fr**au**": z. B. koud, rauw. Das **w**, das am Wortende oft auf **ou** folgt, wird nicht gesprochen.

Hoe zijn de mosselen?

Hören Sie den Dialog und setzen Sie die fehlenden Wendungen ein. ▶ 40

gezellig – natuurlijk – besteld – voor – mosselen

- ● Kijk eens aan, de pasta met kokkels en de stamppot[1]!
- ▲ Sorry[2], maar dat is niet wat ik ____________ heb ... Ik had ____________ gevraagd.
- ● U heeft gelijk! Ik breng ze meteen.
- ▲ Dank u. En kunt u ook een beetje brood brengen?
- ● ____________.

...

- ▲ Hoe vind je de pasta?
- ■ Hmm, lekker, maar een beetje zwaar met de room. En de mosselen?
- ▲ Ze zijn heerlijk! Het restaurant bevalt me ook, zo rustig en ____________

...

- ■ Inderdaad. Zeg, wil je nog een nagerecht of een kopje koffie[5]?
- ▲ Nee, dank je, niet ____________ mij.
- ■ De rekening dan?
- ▲ Ja, doe maar.
- ■ *(Tegen de kelner)* Mogen we afrekenen, alstublieft?

VLAAMS [1] de stoemp [2] Excuseer (me/mij) [3] het plat water [4] het spuitwater [5] het koffietje

Worauf es ankommt

Probleme mith der Bestellung?
Falsch gebracht: Dat is niet wat ik besteld heb. *(Das habe ich nicht bestellt.)*, Ik had ... besteld. *(Ich hatte ... bestellt.)*

Zahlen, bitte!
De rekening, alstublieft! *(Die Rechnung, bitte!)* oder Mag ik afrekenen? *(Kann ich zahlen?)*

Ein bisschen Grammatik

Im Niederländischen liebt man es, alles Mögliche zu verkleinern. Die Verkleinerung wird in der Regel mit -tje gebildet. Wenn das Wort auf p, t, k, d oder s endet, bekommt es in der Verkleinerung die Endung -je. Der Artikel ist immer het.

het tafel**tje**	das Tischchen
het stoel**tje**	das Stühlchen
het brood**je**	das Brötchen
het kop**je**	das Tässchen

Oefeningen

1 Verständnis und Aussprache

Verstehen Sie diese Sätze? Dann sprechen Sie sie bitte nach! ▶ 41

1. Hier is uw pasta met kokkels!
2. Dat is niet wat ik besteld heb.
3. Ik had het koninginnenhapje besteld.
4. Kunt u de peper meebrengen?
5. Jazeker, ik breng hem meteen.
6. De rekening, alstublieft!

2 Was passt?

Welche Kombinationen machen Sinn? Es können durchaus mehrere sein.
Spielen Sie das mit Ihrem Tischnachbarn doch mal durch.

1. de	a. beetje zout
2. het	b. broodje kroket
3. die	c. fles wijn
4. een	d. mosselen
5. deze	e. frietjes
6. dit	f. tafeltje

3 Hören und verstehen

Hören Sie sich diesen Text an und ergänzen Sie den ersten Satz bzw. beantworten Sie die Fragen. ▶ 42

1. Wim wil een tafel voor ...
   a. één persoon
   b. twee personen
2. Is Wim vegetariër?
   a. Ja, hij is vegetariër.
   b. Nee, hij is geen vegetariër.
3. Wat wil hij als hoofdgerecht?
   a. Stoofvlees.
   b. Pasta met tonijn.
4. En wat wil hij drinken?
   a. Een biertje.
   b. Een glas wijn.

stoofvlees = Schmorfleisch

4 Können Sie's auf Niederländisch sagen?

Versuchen Sie, die deutschen Sätze auf Niederländisch wiederzugeben. Sie finden alle im Dialog auf Seite 60.

1. Und, wie findest du die Pasta?
2. Sie ist gut, aber ein bisschen schwer.
3. Das Restaurant gefällt mir, es ist sehr ruhig.
4. Willst du noch einen Nachtisch?
5. Nein, danke, ich nehme nur einen Kaffee.
6. Die Rechnung, bitte!

5 Bitte nachspielen

Spielen Sie den Dialog auf Seite 60 mit Ihrem Tischnachbarn nach und improvisieren Sie mit den Ihnen bekannten Ausdrücken und Wendungen.

- ■ Kijk eens aan, konijn met pruimen!
- ● Sorry[2], maar dat is niet wat ik besteld heb. Ik had ... besteld.
- ■ ...

konijn met pruimen = Kaninchen mit Pflaumen

Het belangrijkste in één oogopslag

Wichtige Floskeln ▶ 43

Jazeker.
Sicher!

Komt er zo aan.
Kommt gleich.

Kijk eens aan ...
Sehen Sie mal ...

U heeft gelijk.
Sie haben recht.

inderdaad
tatsächlich

Reserviert?

Wij hebben een tafel(tje) gereserveerd.
Wir haben einen Tisch reserviert.

Op welke naam?
Auf welchen Namen?

Voor hoeveel personen?
Für wie viele Personen?

Is deze/dit hier goed?
Ist dieser hier recht?

Sonstiges

Sorry/(VL) *Excuseer (me/mij)*, waar is het toilet?
Verzeihung, wo ist die Toilette?

Achteraan rechts/links.
Hinten rechts/links.

Bestellen

Kunt u ons de menukaart brengen?	Können Sie uns die Karte bringen?
Bent u klaar om te bestellen?	Möchten Sie jetzt bestellen?
Ik wil graag ... bestellen.	Ich würde gern ... bestellen.
Wij willen graag ... bestellen.	Wir würden gern ... bestellen.
als aperitiefhapje ...	als Appetithappen ...
als voorgerecht ...	als Vorspeise ...
als hoofdgerecht ...	als Hauptgericht ...
als nagerecht/dessert ...	als Nachspeise/Dessert ...
Voor mij ...	Für mich ...
een klein/groot bier	ein kleines/großes Bier
Onze specialiteit is/zijn ...	Unsere Spezialität ist/sind ...

Sonderwünsche

Welke wijn raadt u mij aan?	Welchen Wein empfehlen Sie mir?
Welk gerecht kunt u aanbevelen/aanraden?	Welches Gericht können Sie empfehlen?
Zit er vlees in dit gerecht?	Ist in diesem Gericht Fleisch?
Is het pikant?	Ist es scharf?
Ik ben vegetariër.	Ich bin Vegetarier/in.
Ik ben allergisch voor melk.	Ich bin auf Milch allergisch.

Was man so braucht ...

Welke nagerechten heeft u?	Was für Desserts haben Sie?
Kunt u ons nog ... brengen?	Können Sie uns noch ... bringen?
een beetje brood	ein bisschen Brot
een fles spa blauw/(VL) *plat water*	eine Flasche stilles Wasser
een fles spa rood/(VL) *spuitwater*	eine Flasche Sprudelwasser
zout	Salz
peper	Pfeffer
olie	Öl
azijn	Essig
een mes	ein Messer
een vork	eine Gabel
een lepel	einen Löffel
een paar tandenstokers	ein paar Zahnstocher
een servet	eine Serviette
Wenst u ...?	Wünschen Sie ...?
koffie	einen Kaffee
een dessert	ein Dessert

Was mir sonst noch wichtig ist

ETEN & DRINKEN

MENU

Aperitiefhapjes

- gevulde eieren
- portie bitterballen
- kaasblokjes
- meloen met ham

Voorgerechten

- tomaat met grijze garnalen
- garnaalkroket
- kaaskroket
- tomatensoep
- aspergesoep
- slaatje met geitenkaas

Hoofdgerechten

- vlees
- biefstuk
- gehaktbal
- kipfilet
- vis
- paling in 't groen
- mosselen natuur
- tonijn

Bijgerechten

- friet(jes) / patat
- gestoomde groenten
- aardappelkroketten
- rijst
- aardappelpuree
- gemengde sla

Nagerechten

- vanille-ijs
- wafel met slagroom
- appelflap
- poffertjes
- pudding
- sorbet
- gemengd fruit
- pannenkoek met suiker

Wist je dat?

De calvinistische invloed op de Nederlandse eetcultuur is groot geweest. Eten moet de maag vullen, mag niet te veel kosten en mag vooral niet te lang van het werk afhouden. Warme maaltijden met meerdere gangen zijn daarom 's middags niet gebruikelijk. Het duurt te lang en je wordt er alleen maar moe van. Nederlanders houden het meestal bij een broodje met kaas of worst. Daarbij wordt een glas melk of karnemelk gedronken. Makkelijk klaar te maken, makkelijk mee te nemen en makkelijk op te eten!

Stipt om zes uur staat het avondeten op tafel. De klassieke Hollandse pot bestaat nog altijd uit aardappelen, groente en vlees. Daarbij is het in Nederland heel normaal om het eten te *prakken* (met een vork fijnmaken en door elkaar mengen), iets wat in de meeste landen zelfs kleine kinderen niet mogen.

DEN HAAG – STAD ACHTER DE DUINEN

Niet te missen! – Bezienswaardigheden

De hoofdstad van Nederland is *Amsterdam*, maar bestuurd wordt het land vanuit *Den Haag*, ook wel *'s-Gravenhage* genoemd. De stad staat vol historische gebouwen en monumenten. Een goed overzicht krijg je tijdens een rondvaart op de grachten of vanaf de fiets. Plan vooraf wat je wilt bezoeken want het grote aanbod van musea en bezienswaardigheden maakt het niet makkelijk om te kiezen. De nabijgelegen badplaats *Scheveningen* is een stadsdeel van Den Haag. In dit voormalige vissersdorp is het op warme dagen heerlijk vertoeven aan de boulevard of op het strand. De cultuurfans kunnen een kijkje nemen in het museum *Beelden aan Zee*, dat in de duinen van *Scheveningen* ligt. Hier kan men moderne en hedendaagse internationale beeldhouwkunst bewonderen.

Smakelijk! – Regionale specialiteiten

Aan baron Hendrik Hop danken we het *Haagse Hopje*. Deze baron liet ooit zijn kopje koffie met suiker en room achter op de kachel. De volgende dag trof hij karamel aan in zijn kopje en dat werd uiteindelijk het beroemde snoepje. Een andere beroemde zoetigheid zijn de *Haagse Ooievaartjes*. Den Haag heeft iets met ooievaars. Zo vormt de ooievaar het middelpunt van het stadswapen, op één been en met een paling in de bek. Of op de parkeerpaaltjes tegen fout parkeren, *hagenaartjes* genoemd. Maar de lekkerste ooievaars zijn dus de *Haagse Ooievaartjes*: dunne, krokante roomboterkoekjes, op smaak gebracht met hazelnoten en kaneel.

Geheime tips

De *Haagse Markt* is met zijn oppervlakte van drie voetbalvelden de grootste onoverdekte markt van Nederland. Na de Porta Palazzo-markt in Turijn is het zelfs de grootste van Europa. Tussen de Hoefkade en het Hobbemaplein is vier dagen per week allerlei koopwaar uitgestald en passeren er zo'n 25.000 bezoekers per dag. Vlakbij de markt ligt de bekende *Schilderswijk*. Deze wijk staat bekend om zijn multiculturele winkels met buitenlandse voedingsmiddelen en andere exotische producten. Er zijn ook vele leuke restaurantjes.

8

In Verbindung bleiben – In contact blijven

E-Mails auf Niederländisch!

Können Sie die folgenden niederländischen Begriffe den sechs Sonderzeichen zuordnen? Na wunderbar, dann buchstabieren Sie doch gleich mal Ihre E-Mail-Adresse oder Homepage.

1. apenstaartje *oder* at	a. _
2. slash *oder* schuine streep	b. /
3. underscore	c. .
4. punt	d. -
5. koppelteken *oder* liggend streepje	e. @
6. hekje	f. #

Was Sie in dieser Lektion lernen:

- wie man fragt, ob es WLAN im Zimmer gibt.
- wie man nach dem Passwort fragt.
- wie man sagt, dass etwas nicht funktioniert.
- wie man über Probleme beim Skypen™ spricht.

de, at oder ch?

Man sagt: **.de (punt dee ee)**, **.at (punt aa tee)** und **.ch (punt ßee haa)**.

WLAN
Mag ik iets vragen?
Darf ich etwas fragen?
De wifi werkt soms wel en soms ook niet.
Ab und zu funktioniert das WLAN, ab und zu nicht.
het wachtwoord[1] invoeren
das Passwort eingeben
Het is belangrijk dat u alleen kleine letters gebruikt.
Es ist wichtig, alles in Kleinbuchstaben einzugeben.
Misschien kunt u het nog eens proberen?
Vielleicht können Sie es noch einmal versuchen?
Het signaal is heel zwak.
Die Verbindung ist sehr schwach.
Dat is vervelend.
Das ist ärgerlich.
Ik stuur iemand langs die de router nakijkt.
Ich schicke jemanden, der den Router überprüft.

Für Profis
het internet
das Internet
het mobieltje[3]
das Handy
de tablet
das Tablet
de computer
der Computer
de mp3-speler
der MP3-Player
de sms
die SMS

Aussprache
Wifi wird **uifi** ausgesprochen.
mp3 = **em pee drie**
sms = **es em es**

Is er wifi in de kamer?

Hören Sie den Dialog. Erklären Sie in Ihren eigenen Worten, was das Problem ist. ▶ 44

- ● Goededag. Mag ik iets vragen? Is er wifi in de kamer?
- ■ Goeiedag. Ja, natuurlijk. En de wifi is gratis.
- ● Heel goed. Kunt u mij het wachtwoord[1] geven, alstublieft?
- ■ Ziezo[2]. U kunt nu in het hele hotel online.

...

- ● De wifi doet het niet.
- ■ Weet u zeker dat u het wachtwoord[1] juist heeft ingevoerd? Misschien kunt u het nog eens proberen? Het is belangrijk dat u alleen kleine letters gebruikt.
- ● Ik heb het gedaan zoals u zegt, maar het werkt soms wel en soms ook niet. Het probleem is dat het signaal heel zwak is.
- ■ Oh, dat is vervelend. Maakt u zich geen zorgen, ik stuur iemand langs die de router nakijkt. Dan zien we of het daarna beter werkt, OK?
- ● Ja, uitstekend. Hartelijk dank.

VLAAMS [1] het paswoord [2] voilà [3] de gsm

Worauf es ankommt

Fragen zum WLAN
Is er wifi in de kamer? *(Gibt es im Zimmer WLAN?)*, Kunt u mij het wachtwoord[1] geven, alstublieft? *(Können Sie mir bitte das Passwort geben?)*, Weet u zeker dat u het wachtwoord[1] juist heeft ingevoerd? *(Sind Sie sicher, dass Sie das Passwort korrekt eingegeben haben?)*

Technische Probleme
... doet het niet/werkt niet. *(... funktioniert nicht.)*, z. B.: de wifi *(das WLAN)*, het signaal *(die Verbindung)*, de computer *(der Computer)*, het mobieltje[3] *(das Handy)*, de tablet *(das Tablet)*. Wenn mehrere Dinge nicht funktionieren, sagt man: ... doen het niet/werken niet. *(... funktionieren nicht.)*

Ein bisschen Grammatik

Hier die Formen von mogen (*dürfen*). Achtung, wir haben es hier mit einem „falschen Freund" zu tun (mogen ist nicht gleich mögen)!

ik mag	wij mogen
jij/u mag	jullie mogen
hij/zij mag	zij mogen

Oefeningen

1 Verständnis und Aussprache

Sicher verstehen Sie die folgenden Sätze. Na dann bitte mal nachsprechen! ▶ 45

1. Mag ik iets vragen?
2. Is er wifi in de kamer?
3. De wifi is gratis.
4. Kunt u mij het wachtwoord[1] geven, alstublieft?
5. Het probleem is dat het signaal heel zwak is.
6. De wifi werkt soms wel en soms ook niet.

2 Bitte ordnen Sie!

Bitte ordnen Sie die Sätze des folgenden Dialogs so, dass er einen Sinn ergibt. Danach spielen Sie ihn mit Ihrem Nachbarn durch.

__ Hoeveel moet ik ervoor betalen?
__ Kunt u mij het wachtwoord[1] geven?
_1_ Goeiemorgen, mag ik iets vragen? Is er wifi in de kamer?
__ U heeft geen wachtwoord[1] nodig.
__ Niets, de wifi is gratis.
__ Natuurlijk, meneer.

betalen = zahlen
nodig hebben = brauchen

3 Passende Formulierungen

Suchen Sie im Dialog auf Seite 66 die passenden Formulierungen für folgende Gesprächssituationen.

1. fragen, ob es im Zimmer WLAN gibt
2. fragen, ob das WLAN kostenlos ist
3. nach dem Passwort fragen
4. sagen, dass das WLAN nicht funktioniert
5. sagen, dass die Verbindung sehr schwach ist

4 Welche Verbform passt?

Ergänzen Sie die fehlenden Verbformen von kunnen (können).

1. ____________ jij mij het wachtwoord[1] voor de wifi geven?
2. ____________ ik u helpen?
3. Wij ____________ het nog eens proberen.
4. ____________ u mij even uw mobieltje[3] geven?
5. Misschien ____________ zij iemand langs sturen om de router na te kijken?
6. Jullie ____________ zelf zien of het daarna beter werkt.

helpen = helfen
zelf = selbst

VLAAMS [3] de gsm

5 Bitte nachspielen

Spielen Sie mit Ihrem Tischnachbarn den Dialog auf Seite 66 nach und verwenden Sie die Ihnen bekannten Wörter und Wendungen.

- ● Goededag. ... Is er wifi in de kamer?
- ■ Goeiedag. Ja, natuurlijk. ...
- ● ... Kunt u mij het wachtwoord[1] geven, alstublieft?
- ■ ...
- ● De wifi doet het niet.
- ■ ...
- ● Ik heb het gedaan zoals u zegt, ...

Skypen™
Ik hoor je, maar ik zie je niet.
Ich höre dich, aber ich sehe dich nicht.
Je moet de webcam inschakelen/aanzetten[1].
Du musst die Webcam anschalten.
Misschien staat jouw microfoon uit.
Vielleicht ist bei dir das Mikrofon ausgeschaltet.
Ik hoor een echo.
Ich höre ein Echo.
Ik sluit af en we proberen het nog eens.
Ich mache zu und wir versuchen es noch einmal.
Kan ik je terugbellen?
Kann ich dich zurückrufen?
Eindelijk zie ik je.
Endlich sehe ich dich.
(na)tuurlijk
natürlich
helemaal
ganz
meteen
gleich

Auch wichtig
de knop
der Knopf/Button
het scherm
der Bildschirm
de micro(foon)
das Mikrofon
de koptelefoon
die Kopfhörer
de USB stick
der USB-Stick

Je moet de webcam inschakelen.

Hören Sie den Dialog und setzen Sie die fehlenden Wendungen ein. ▶ 46

zie – beter – kunnen – hoor – proberen

- Hallo Koen, ____________ je mij?
- Hoi Katrien! Ja, ik hoor je, maar ik ____________ je niet. Je moet de webcam inschakelen.
- Wat moet ik doen?
- De webcam aanzetten[1]. Klik op het camerasymbool. Precies, zo is het beter. Wat leuk je terug te zien. Hoe gaat het op Curaçao? Katrien? Misschien staat jouw microfoon uit...
- Oh sorry[2]! Ik heb op de verkeerde knop gedrukt[3] ukt ukt ...
- Katrien, ik hoor een echo. Ik sluit af en we ____________ het nog eens. Kan ik je terugbellen?
- Tuurlijk. ...
- Hoi. Nu is het beter. Eindelijk zie ik je goed.
- Maar ik zie jou niet, het scherm is helemaal zwart.
- Oh nee! Wacht even ... Is het zo ____________ ?
- Ja, nu is het prima.
- OK, ____________ we dan nu beginnen?
- Ja, laten we meteen beginnen ...

VLAAMS [1] opzetten [2] excuseer (me/mij) [3] geduwd

Worauf es ankommt

Was man machen muss
Hoe doe ik dat? (*Wie mache ich das?*), Je moet de webcam inschakelen. (*Du musst die Webcam einschalten.*)

Anweisungen geben
Klik op het camerasymbool. (*Klicke auf das Kamera-Symbol.*), Wacht even. (*Warte einen Moment.*)

Ein bisschen Grammatik

Die Befehlsform entspricht dem Stamm des Verbs, d. h. sie hat die gleiche Form wie die 1. Person Singular.

klikken	ik klik	klik!
wachten	ik wacht	wacht!
beginnen	ik begin	begin!
proberen	ik probeer	probeer!
aanzetten	ik zet aan	zet aan!
afsluiten	ik sluit af	sluit af!

Oefeningen

1 Verständnis und Aussprache

Bitte sprechen Sie die folgenden Sätze nach. ▶ 47

1. Ik hoor je, maar ik zie je niet.
2. Je moet de webcam inschakelen.
3. Klik op het camerasymbool.
4. Wat leuk je terug te zien!
5. Ik heb op de verkeerde knop gedrukt[3].
6. Kunnen we dan beginnen?

2 Was passt zueinander?

Bitte ordnen Sie den Satzbeginn in der linken Spalte dem Satzende in der rechte Spalte zu.

1. Kan ik je ...	a. eindelijk goed.
2. Heb je misschien ...	b. even.
3. Ik zie je ...	c. terugbellen?
4. Wacht ...	d. verkeerde knop gedrukt[3]?
5. Heb je op de ...	e. de microfoon uitgeschakeld?

3 Hören und verstehen

Können Sie die folgenden Fragen zu dem Hörtext beantworten? ▶ 48

1. Wie heeft een probleem?	a. Katleen.
	b. Bas.
2. Wat moet Bas doen?	a. De webcam inschakelen.
	b. De microfoon aanzetten[1].
3. Kunnen ze het probleem uiteindelijk oplossen?	a. Ja
	b. Nee.

uiteindelijk = schlussendlich
oplossen = lösen

4 Passende Formulierungen

Finden Sie im Dialog auf Seite 68 die passenden Formulierungen für die folgenden Gesprächssituationen.

1. sagen, dass man seinen Gesprächspartner hört, aber nicht sieht
2. fragen, was man tun soll
3. sagen, dass der Gesprächspartner auf das Webcam-Symbol klicken soll
4. fragen, ob es so besser ist
5. fragen, ob man jetzt anfangen kann

5 Bitte nachspielen

Spielen Sie mit Ihrem Tischnachbarn den Dialog auf Seite 68 nach und verwenden Sie die Ihnen bekannten Wörter und Wendungen.

- Hallo ..., hoor je mij?
- ... Ja, ik hoor je, maar ik zie je niet. ...
- Wat moet ik doen?
- ... Klik op ... Misschien staat jouw microfoon uit ...
- Oh sorry[2]! ...
- ..., ik hoor een echo. ...

Het belangrijkste in één oogopslag

Nützliche Wendungen ▶ 49

Is de wifi gratis?
Ist das WLAN kostenlos?

... werkt/werken niet.
... funktioniert/funktionieren nicht.

U kunt online in het hele hotel.
Sie haben im ganzen Hotel Netz.

Floskeln fürs Skypen™

Hallo, hoor je me/mij?
Hallo, hörst du mich?

Wat leuk je terug te zien.
Schön, dich wiederzusehen.

Ik hoor een echo.
Ich höre ein Echo.

Eindelijk zie ik je/jou.
Endlich sehe ich dich.

Nu is/gaat het beter.
Jetzt ist/geht es besser.

WLAN

Is er wifi in de kamer?	Gibt es im Zimmer WLAN?
Kunt u mij het wachtwoord/VL *het paswoord* geven, alstublieft?	Können Sie mir bitte das Passwort geben?
De wifi doet het niet.	Das WLAN funktioniert nicht.
Heeft u het wachtwoord/VL *het paswoord* juist ingevoerd?	Haben Sie das Passwort korrekt eingegeben?
Het is belangrijk dat u alleen kleine letters gebruikt.	Es ist wichtig, alles in Kleinbuchstaben zu schreiben.
Het signaal is heel zwak.	Die Verbindung ist sehr schwach.
Kunt u iemand langssturen die de router nakijkt?	Können Sie jemanden schicken, der den Router überprüft?

Skypen™

Ik hoor je, maar ik zie je niet.	Ich höre dich, aber ich sehe dich nicht.
Wat moet ik doen?	Was muss ich tun?
Je moet de webcam inschakelen/aanzetten/VL *opzetten*.	Du musst die Webcam einschalten.
Klik op het camerasymbool.	Klicke auf das Kamera-Symbol.
Misschien staat jouw microfoon uit.	Vielleicht ist bei dir das Mikrofon ausgeschaltet.
Kan ik je terugbellen?	Kann ich dich zurückrufen?
Ik heb op de verkeerde knop gedrukt/VL *geduwd*.	Ich habe den falschen Knopf gedrückt.
Het scherm is helemaal zwart.	Der Bildschirm ist ganz schwarz.

Was mir sonst noch wichtig ist

8

INTERNET & TELEFOON

Altijd en overal online

Zoals in de rest van Europa is er ook in Nederland en België bijna overal gratis internettoegang. De twee landen behoren zelfs tot de top in Europa op gebied van mobiel internetgebruik. Op sommige plaatsen ontstaat er een anti-internetbeweging, waarbij cafés en restaurants borden voor de deur zetten met spreuken als „Wij hebben geen wifi, praat tegen elkaar".

Telefoonnummers

Het gratis noodnummer 112 geldt ook in Nederland en België.

Hallo!

Om de telefoon op te nemen, zeggen de meesten „hallo, met (voornaam)". Sommigen voegen daar ook nog de achternaam aan toe.

Wist u dat?

Het landnummer voor Nederland is 0031, voor België 0032. Om van op reis naar huis te bellen, draai je voor:
Duitsland: 0049
Oostenrijk: 0043
Zwitserland: 0041

DE NEDERLANDSE ANTILLEN – LEKKER CHILLEN

Niet te missen! – Bezienswaardigheden

Tot in 2010 werd *Nederlandse Antillen* gebruikt als collectieve naam voor alle eilanden in de Caraïbische Zee die tot het Koninkrijk der Nederlanden behoorden. Sindsdien hebben de eilanden *Aruba*, *Bonaire*, *Curaçao*, *Sint Maarten*, *Saba* en *Sint Eustatius* weliswaar een verschillende politieke status, maar er wordt overal (onder andere) Nederlands gesproken. Het grootste eiland van dit tropisch stukje Nederland is Curaçao met zijn indrukwekkende hoofdstad *Willemstad*. Zowel voor cultuur-, strand- als natuurliefhebbers is het een paradijs. Het eiland wordt dan ook niet zonder reden het meest veelzijdige eiland van de Nederlandse Antillen genoemd. De bruisende hoofdstad wordt gekenmerkt door achttiende-eeuwse huizen in felgekleurde tinten, mooie wijken (*Otrabanda* en *Punda* zijn de meest bekende), de populaire pontjesbrug en ontelbare musea.

Smakelijk! – Regionale specialiteiten

Op Curaçao moet je *The Genuine Curaçao Liqueur* proeven. Deze likeur wordt hier al jaren geproduceerd. En niet alleen in de welbekende blauwe variant, maar ook in oranje, rood en groen. Wat typisch Antilliaanse gerechten betreft, is er keuze genoeg. Hoofdgerechten zoals stoofschotel van geitenvlees (*kabritu*), kip en rundvlees worden geserveerd met erwten en rijst (*aros moro*), aardappels of *funchi*, een gekookte maïsbrij die lijkt op de Italiaanse polenta. Een andere specialiteit is *keshi yená* – een met vlees of vis, kappertjes, rozijnen en pruimen gevulde Edammer kaas die in de oven wordt gebakken.

Geheime tips

Een groot deel van Curaçao bestaat uit het 2.300 hectare grote *Christoffelpark*. Voor een actief uitje ben je hier aan het goede adres. Er zijn wandelpaden die je door dichtbegroeide bossen en woestijnachtige gebieden naar de top leiden. Daar word je getrakteerd op een onvergetelijk uitzicht. Verder beschikt Curaçao over een fascinerende onderwaterwereld met schitterende koraalriffen, waardoor het eiland populair is bij duikers en snorkelaars. En als je niet zo sportief bent, vind je zeker een plekje in de zon op een van de meer dan vijftig zandstranden.

9

In der Bank und auf der Post – Bij de bank en op het postkantoor

Was Sie in dieser Lektion lernen:
- wie man bei Problemen am Geldautomaten reagiert.
- wie man im Zeitungsladen Briefmarken und anderes kauft.
- wie man auf der Post eine Sendung aufgibt.

Herzliche Urlaubsgrüße

Können Sie die Texte dieser drei Postkarten aus Curaçao, Belgien und den Niederlanden den drei Bildern zuordnen? Gar nicht so schwer, oder?

Beste Jeroen,
Hoe gaat het thuis?
Wij genieten hier van zon, strand en lekker eten.
Dikke knuffel uit Willemstad,
Ulrike & Peter

Beste meneer en mevrouw König,
Ik hoop dat alles met u in orde is. Fijn dat u tijdens mijn reis op Simba past. Hopelijk is ze braaf.
Hartelijke groeten uit Scheveningen,
Reiner Meyer

Dag liefste!
Ik stuur je een zoen uit het prachtige Brugge.
Ik mis je!
Tot gauw,
Ronnie

PostNL und bpost

Die niederländische Post ist seit 1989 eine private Firma mit etwa 50.000 Angestellten. In Belgien heißt das Unternehmen **bpost** und der belgische Staat ist Großaktionär. Beschäftigt werden um die 27.000 Arbeitnehmer.

De geldautomaat is geblokkeerd.

Hören Sie den Dialog. Schreiben Sie K für die Kundin und B für den Bankangestellten auf die Linien. ▶ 50

Voer uw bankpas[1] in ... Toets de code in en druk op "bevestigen".
Error opgetreden ... Voer uw bankpas[1] in ...
__ Hè?
Voer uw bankpas[1] in ...
__ Maar hij is toch al ingevoerd ... Mijn pas[1]!
__ Goedemorgen, wat kan ik voor u doen?
__ De geldautomaat is geblokkeerd en geeft mijn pinpas[1] niet terug.
__ Misschien heeft u de verkeerde code ingetoetst ...
__ Nee, nee, de code is juist, dat weet ik zeker. Wat moet ik doen om mijn pas[1] terug te krijgen?
__ Maakt u zich geen zorgen, over een paar dagen sturen we hem naar uw bank.
__ Wat? Over een paar dagen? Kan ik hem niet meteen terugkrijgen? Ik moet het hotel betalen en hoe dan ook, wat doe ik zonder geld op vakantie?
__ Tja, dan moet uw bank ons een e-mail sturen met de machtiging. Dat zijn helaas onze regels ...
__ OK. Wat is uw e-mailadres?

VLAAMS [1] de bankkaart [2] de kredietkaart (auch in NL gebräuchlich) [3] afhalen

Am Geldautomaten
de geldautomaat/bankautomaat
der Geldautomat
de (pin)pas/bankpas/betaalpas[1]
die EC-Karte
de creditcard[2]
die Kreditkarte
de (geheime) code intoetsen
die Geheimzahl eingeben
het pasje[1] invoeren
die Karte einführen
de pas[1] terugnemen
die Karte entnehmen
geld pinnen/opnemen[3]
Geld abheben
Druk "bevestigen"/"annuleren"/"corrigeren".
Drücken Sie „Bestätigen"/„Abbrechen"/„Korrektur".

Probleme
Dat weet ik zeker.
Dessen bin ich mir sicher.
Wat moet ik doen?
Was muss/soll ich tun?
Heeft u de verkeerde code ingetoetst?
Haben Sie die falsche Geheimzahl eingegeben?
We hebben een e-mail van uw bank nodig.
Wir brauchen eine E-Mail von Ihrer Bank.
hoe dan ook
wie auch immer
de machtiging
die Genehmigung
helaas
leider
het kofschip
die Kuff (historisches Segelschiff zur Beförderung von Frachten)

Worauf es ankommt

Probleme am Geldautomaten
De geldautomaat geeft mijn bankpas[1] niet terug. *(Der Geldautomat gibt meine EC-Karte nicht zurück.)* oder Ik kan geen geld pinnen/opnemen[3] met mijn pasje[1]. *(Ich kann kein Geld mit meiner EC-Karte abheben.)*

Persönliche Infos
Wat zijn uw bankgegevens? *(Wie ist Ihre Bankverbindung?)*, Wat is uw IBAN-code? *(Wie ist Ihr IBAN-Code?)* oder Wat is uw rekeningnummer? *(Wie ist Ihre Kontonummer?)*

Ein bisschen Grammatik

Die regelmäßigen Verben bilden das Perfekt mit ge- + Verbstamm + -t/d. Um zu wissen, wann man t oder d verwendet, hilft die Eselsbrücke 't kofschip. Kommt der letzte Buchstabe vor der Grundformendung in 't kofschip vor (also t, k, f, s, ch oder p), wird t verwendet. Wenn nicht, gebraucht man d.

intoetsen *(eingeben)* → ingetoets**t** *(eingegeben)*
pinnen *(Geld abheben)* → gepin**d** *(Geld abgehoben)*
blokkeren *(blockieren)* → geblokkeer**d** *(blockiert)*
Das Hilfsverb ist wie im Deutschen hebben oder zijn.

Oefeningen

1 Verständnis und Aussprache

Sprechen Sie bitte diese Sätze nach! Wenn Sie sich den Dialog gut durchgelesen haben, sollte auch das Verständnis keine Probleme machen. ▶ 51

1. Goedemorgen mevrouw, wat kan ik voor u doen?
2. Ik heb een probleem met de geldautomaat.
3. Hij wil mijn bankpas[1] niet teruggeven.
4. U moet de verkeerde code hebben ingetoetst …
5. Wat doe ik zonder geld?
6. Maakt u zich geen zorgen, we sturen de pas[1] naar uw bank.

2 Welche Verben passen?

Oh je, hier fehlt doch was! Lesen Sie die Sätze und ergänzen Sie die fehlenden Verben.

is – maakt – betalen – geblokkeerd – weet – sturen

1. Ik moet het hotel ______________________.
2. Uw bank moet ons een e-mail ______________________.
3. De code ______________________ juist!
4. Ik ______________________ het zeker.
5. ______________________ u zich geen zorgen.
6. De bankautomaat is ______________________.

3 Bilden Sie die Partizipien

Bitte bilden Sie mit den Perfektformen der folgenden Verben aus dem Dialog sinnvolle Sätze.

1. intoetsen
2. corrigeren
3. invoeren
4. bevestigen
5. sturen
6. annuleren

4 Wer wird der Rechenmeister?

Formulieren Sie ausgehend von 20 eine der folgenden Rechenanweisungen. Stellen Sie dann ausgehend davon die nächste Rechenaufgabe.

Twintig **plus veertien** is **vierendertig**, … **min** … is …

1. plus 14
2. min 32
3. plus 17
4. plus 55
5. min 42
6. min 19
7. plus 36
8. min 10
9. min 14
10. plus 30
11. min 9
12. plus 26

5 Bitte nachspielen

Spielen Sie in Zweiergruppen das Gespräch zwischen dem Touristen und dem Bankangestellten nach. Hier eine Anregung, welche Wörter darin vorkommen sollten.

- ■ … wat kan ik voor u doen …
- ● … probleem … de geldautomaat … geblokkeerd. … geeft … niet terug.
- ■ … verkeerde code … ingetoetst.
- ● … code … juist! … moet ik doen …?
- ■ … Uw bank … e-mail … sturen.

Ik wil graag een pakje versturen.

Im Zeitungsladen

de kiosk[1]
der Zeitungsladen

Ik neem …
Ich nehme …

deze ansichtkaart[2]
diese Postkarte

deze krant
diese Zeitung

dit tijdschrift
diese Zeitschrift

de postzegel
die Briefmarke

Auf der Post

het postkantoor
die Post

de brief
der Brief

het pakje
das Päckchen

het pakket
das Paket

standaard of met spoed?
Normal oder Express?

standaard of aangetekend?
Normal oder eingeschrieben?

de envelop(pe)[3]
der (Brief-)Umschlag

Aussprache
S wird im Niederländischen auch vor **p** oder **t** wie **s** gesprochen und nicht wie im Deutschen „**Sp**ort" oder „**St**all" wie **sch**, z. B. spoed, standaard.

Hören Sie den Dialog. Kann die Kundin im „kiosk[1]" ein Päckchen verschicken?

▶ 52

- ● Hallo, ik neem deze ansichtkaart[2] en een postzegel. En deze krant, alstublieft.
- ■ Dat is zes euro vijftig.
- ● Ik wil ook graag een pakje versturen, kan dat?
- ■ Helaas niet, voor pakjes moet u naar het postkantoor. Er is er één vlakbij, direct om de hoek …
- ● OK, hartelijk dank. Tot ziens.

…

- ▲ De volgende graag!
- ● Goedemorgen, ik wil graag dit pakje naar Duitsland sturen.
- ▲ Standaard of met spoed?
- ● Wat zegt u? Dat heb ik niet begrepen …
- ▲ Wilt u het pakje met de normale post of extra snel versturen?
- ● Aha, nu begrijp ik het … Normaal is prima, dank u.
- ▲ Dat is dan zeven euro, alstublieft.

VLAAMS [1] de krantenwinkel [2] de postkaart [3] de (brief)omslag

Worauf es ankommt

Post versenden …
Man sagt: Ik wil graag … (ver)sturen. *(Ich würde gern … schicken.)* Nach Briefmarken fragt man: Ik heb een postzegel/twee postzegels voor … (das jeweilige Land) nodig. *(Ich brauche eine Briefmarke/zwei Briefmarken nach …)*

Es kostet …
Man hört: Het kost … *(Es kostet …)*, Dat maakt (dan) … *(Das macht [dann] …)* oder einfach Dat is (dan) … *(Das ist/sind [dann] …)*

Ein bisschen Grammatik

Die wichtigsten hinweisenden Fürwörter sind: deze, dit, die und dat. Um auf eine Person oder Sache in der Nähe des Sprechers zu verweisen, benutzt man für de-Wörter deze und für het-Wörter dit. Für weiter entfernte Personen bzw. Sachen benutzt man für de-Wörter die und für het-Wörter dat.

deze ansichtkaart[2] / **dit** tijdschrift	diese Postkarte / diese Zeitschrift
die krant / **dat** pakket	diese Zeitung (da) / dieses Paket (dort)

In der Mehrzahl unterscheidet man nicht zwischen de- und het-Wörtern, sondern benutzt für alle nahen Personen/Sachen deze und für weiter entfernte die.

deze postzegels / **die** enveloppen[3]	diese Briefmarken / diese Umschläge (dort)

Oefeningen

1 Verständnis und Aussprache

Verstehen Sie die folgenden Sätze? Na dann bitte einmal nachsprechen! ▶ 53

1. Ik neem deze ansichtkaart[2].
2. Ik heb ook postzegels nodig.
3. Ik wil graag dit pakket naar Oostenrijk sturen.
4. Met de normale post of met spoed?
5. Normaal is prima, dank u.
6. Dat is dan acht euro vijftig.

2 Ordnung ist die halbe Übung!

Dieser Dialog ist gründlich durcheinandergeraten. Können Sie ihn wieder richtig ordnen?

__ Is de postzegel voor Nederland?
__ En ik heb ook een postzegel nodig.
__ Dat is dan drie euro.
_1_ Hallo, ik neem deze ansichtkaart[2].
__ Ziezo.
__ Nee, voor Duitsland.

3 Hören und verstehen

Bitte achten Sie in diesem Hörtext wieder genau auf alle Informationen und ergänzen Sie die Aussagen bzw. beantworten Sie die Fragen. ▶ 54

1. De man wil een ... versturen.
   a. een pakket
   b. een pakje
2. Standaard of met spoed?
   a. Met spoed.
   b. Standaard.
3. Hij heeft ook ... nodig.
   a. een postkantoor
   b. een postzegel
4. Hoeveel moet hij betalen?
   a. € 9,70.
   b. € 9,60.

4 Bitte vervollständigen

Setzen Sie die unten stehenden Wörter in den Mustersatz ein. Alles klar?

Ik wil graag **dit pakket** naar **Duitsland** sturen.

1. dit pakket – Duitsland
2. deze ansichtkaart[2] – Oostenrijk
3. deze brief – Zwitserland
4. deze pakjes – Frankrijk
5. deze ansichtkaarten[2] – België
6. deze brieven – Spanje

5 Bitte nachspielen

Wie so oft sollen Sie hier den Lektionsdialog noch einmal in Zweiergruppen durchspielen. Was Sie verschicken möchten, ist Ihnen selbst überlassen.

■ De volgende graag.
● Ik wil graag ... naar ... sturen.
■ Standaard of met spoed?
● Wat is het verschil in prijs?
■ Standaard kost ... euro en met spoed ... euro.

het verschil = der Unterschied

Het belangrijkste in één oogopslag

Wichtige Ausdrücke 55

Wat kan ik voor u doen?
Was kann ich für Sie tun?

Dat heb ik (niet) begrepen.
Das habe ich (nicht) verstanden.

Dat weet ik zeker.
Dessen bin ich (mir) sicher!

Maakt u zich geen zorgen.
Keine Sorge!

over een paar dagen
in einigen Tagen

Was man in de kiosk/ VL *de krantenwinkel* noch so kauft

de sigaret
die Zigarette

de aansteker
das Feuerzeug

lucifers
Streichhölzer

de kauwgom
der Kaugummi

het pakje kauwgom
das Päkchen Kaugummi

een (Duitse) krant
eine (deutsche) Zeitung

een (Duits) tijdschrift
eine (deutsche) Zeitschrift

Am Geldautomaten

de geldautomaat/bankautomaat	der Geldautomat
de creditcard/VL NL *kredietkaart*	die Kreditkarte
de (pin)pas/bankpas/betaalpas/ VL *de bankkaart*	die EC-Karte
de (geheime) code intoetsen	die Geheimzahl eingeben
de bankpas/VL *de bankkaart* invoeren	die Karte einführen
de bankpas/VL *de bankkaart* terugnemen	die Karte entnehmen
Druk "bevestigen"/"annuleren"/ "corrigeren".	Drücken Sie „Bestätigen"/„Abbrechen"/ „Korrektur".
geld pinnen/opnemen/VL *afhalen*	Geld abheben

Probleme

Ik heb een probleem met de geldautomaat.	Ich habe ein Problem mit dem Geldautomaten.
Ik kan geen geld pinnen/opnemen/ VL *afhalen*.	Ich kann kein Geld abheben.
Hij geeft mijn bankpas/VL *bankkaart* niet terug.	Er gibt mir die Karte nicht zurück.
Wat moet ik doen?	Was muss ich tun?
Heeft u de verkeerde code ingetoetst?	Haben Sie die falsche Geheimzahl eingegeben?
Wij hebben ... nodig.	Wir brauchen ...
een e-mail van uw bank	eine E-Mail von Ihrer Bank.
Ik ben mijn creditcard/VL NL *kredietkaart* kwijt. / Ik heb mijn creditcard/ VL NL *kredietkaart* verloren.	Ich habe meine Kreditkarte verloren.
Wanneer kan ik de pas/VL *de bankkaart* terugkrijgen?	Wann kann ich die Karte wieder haben?
Kan ik aan het loket geld opnemen/ VL *afhalen*?	Kann ich am Schalter Geld abheben?

Im Zeitungsladen

Ik neem ...	Ich nehme ...
deze ansichtkaart/VL *postkaart*	diese Postkarte
een postzegel	eine Briefmarke
een pakje sigaretten	ein Päckchen Zigaretten

Auf der Post

het postkantoor	das Postamt
de post	die Post
de brief	der Brief
het pakket	das Paket
het pakje	das Päckchen
de envelop(pe)/VL *de (brief)omslag*	der (Brief-)Umschlag
Standaard of aangetekend?	Normal oder eingeschrieben?
Met bewijs van ontvangst?	Mit Empfangsbestätigung?

Was mir sonst noch wichtig ist

BANKEN & POSTKANTOREN

Aan de geldautomaat

Zoals in de meeste landen kun je ook in België en Nederland tegen een kleine vergoeding met je gewone bankpas en je geheime code geld pinnen.
Als je hiervoor je creditcard gebruikt, betaal je meestal meer. Creditcards worden in de meeste hotels, restaurants, winkels en tankstations aanvaard. Klanten die in een winkel met hun pinpas betalen, kunnen extra contant geld bijpinnen. Dat kan handig zijn als er geen geldautomaat in de buurt is.

Op het postkantoor

In het tijdperk van sms'jes en e-mails mogen ansichtkaarten ouderwets lijken, toch zijn veel thuisblijvers nog alijd blij met een groet per post. Als je een brievenbus zoekt: die hebben in België een rode kleur en in Nederland zijn ze sinds 2013 oranje. De Belgische brievenbussen hebben één gleuf, de Nederlandse meestal twee, één voor plaatselijke post en één voor de rest van het land en het buitenland. In de maand december worden uit veiligheidsoverwegingen de gleuven van de Nederlandse brievenbussen verkleind en met oudjaar worden de meeste gleuven helemaal afgesloten. Tot begin jaren 1970 hadden de trams en bussen die het Stationsplein in Amsterdam aandeden een brievenbus die door een postbode bij aankomst op het Stationsplein werd gelicht.

Wist je dat?

De laatste jaren wordt er in Nederland en België steeds vaker met pin dan contant betaald. Cash betalen staat onder druk, maar de opmars van elektronisch betalen betekent niet dat contant geld meteen zal verdwijnen. Mensen hechten aan cash, zeker na de bankencrisis. Het zal dus nog wel een tijdje duren voor we de Scandinavische landen volgen naar een cashloze maatschappij.

FRIESLAND – ZOVEEL VERSCHILLENDE FACETTEN

Niet te missen! – Bezienswaardigheden

Een van de mooiste provincies van Nederland is *Friesland*. Samen met de bewoonde *Waddeneilanden* die bij Friesland horen (*Vlieland*, *Terschelling*, *Ameland* en *Schiermonnikoog*) is het de op één na noordelijkste provincie van het land. Je kunt er in romantische havenstadjes wandelen, door eenzaam moerasland fietsen of vanuit je strandstoel je blik over *de Waddenzee* laten glijden – een vakantie in *Friesland* biedt veel mogelijkheden. En misschien heb je geluk tijdens een bezoek in de winter en kan je getuige zijn van de *Elfstedentocht*, de wereldberoemde schaatswedstrijd op natuurijs, die in de hoofdstad *Leeuwarden* eindigt. Maar daarvoor moet het koud genoeg zijn zodat het ijs op de kanalen tenminste vijftien centimeter dik is. En dit komt helaas niet meer zo vaak voor …

Smakelijk! – Regionale specialiteiten

Veenbessen, duindoorn en appelbessen vormen samen een kleurrijk palet van besjes die in het waddengebied groeien en bloeien. Producten gemaakt van deze bessen omvatten thee, sap, siroop, azijn, wijn, honing, jam, mosterd en ook zoetigheden. In deze categorie is ook het Fries *suikerbrood* niet te missen: witbrood waarin korrels suiker zijn meegebakken. Naast de suiker wordt er kaneel en soms ook gembersiroop aan toegevoegd.

Geheime tips

Je zou het niet meteen verwachten maar sinds enkele jaren krijgt Friesland bekendheid als wijngebied. De *Frysling* is de noordelijkste wijngaard in Nederland en ligt net buiten het dorp Twijzel. De naam is een combinatie van de regionale naam *Fryslân* en de druivensoort *riesling*. Onder invloed van de Waddenzee en beschut door de Friese bossen groeien er in de zandige bodem zes verschilende druivensoorten. De bekendste wijn is de schuimende *Frysling Brûswyn*, heerlijk als aperitief.

10

Auf Reisen – Op reis

Das liebe Wetter!

Sehen Sie sich die Fotos an und versuchen Sie, sie den folgenden Wetterbeschreibungen zuzuordnen.

1. De zon schijnt.
2. Het is koud.
3. Het is mistig.
4. Het regent.
5. Er is veel wind.

Was Sie in dieser Lektion lernen:

- wie man sich nach dem richtigen Fahrschein erkundigt.
- wie man fragt, welches Verkehrsmittel man am besten nimmt.
- wie man einem Taxifahrer sagt, wohin man fahren will.
- wie man Small Talk macht.
- wie man das Wetter beschreibt.

Lekker weertje!

Im Niederländischen ist das Wort **lekker** nicht wie im Deutschen nur auf den Geschmack beschränkt. Neben **een lekker biertje** (ein gutes Bier) spricht man auch von **een lekker weertje** (schönes Wetter) oder **een lekker windje** (ein angenehmer Wind).

Bus, U-Bahn, Straßenbahn

de bus
der Bus

de metro
die U-Bahn

de tram
die Straßenbahn

de halte
die Haltestelle

de eindhalte
die Endhaltestelle

het station
der Bahnhof/die Station

Moet ik overstappen?
Muss ich umsteigen?

Ja, u moet in ... overstappen.
Ja, Sie müssen in ... umsteigen.

Waar moet ik uitstappen?
Wo muss ich aussteigen?

Kunt u mij zeggen, wanneer we in ... zijn?
Können Sie mir sagen, wann wir in ... sind?

uitgerekend
ausgerechnet

Fahrkarten

het 1 uurskaartj[1]
die Fahrkahrte für eine Stunde

de dagkaart[2]
die Tageskarte

het abonnement/de pas
das Abonnement

het vervoerbewijs/het kaartje[3]
die Fahrkarte/das Ticket

Waar kan ik een kaartje[3] kopen?
Wo kann ich eine Fahrkarte kaufen?

Waar is het kaartjesloket?
Wo ist der Fahrkartenschalter?

Ik had graag een normaal kaartje[3]/ een dagkaart[2].
Ich hätte gern ein normales Ticket/ eine Tageskarte.

Ik had graag een weekpas/ maandpas.
Ich hätte gern eine Wochen-/ Monatskarte.

Dan moet u een taxi nemen ...

Hören Sie den folgenden Dialog. Für wann ist ein Streik vorhergesagt? ▶ 56

- Hallo, de "Telegraaf" en een 1 uurskaartje[1], alstublieft.
- Dat is dan vijf euro zeventig.
- Wat kost een dagkaart[2]? Of een weekpas?
- Een dagkaart[2] kost acht euro en een weekpas zesendertig euro.
- Dan neem ik een dagkaart[2]. Hoe kom ik bij de luchthaven?
- U neemt bus 197 naar Schiphol, die rijdt vier keer per uur en u hoeft niet over te stappen. Vanuit Amsterdam Zuid kunt u lijn 310 nemen. Na vier haltes stapt u op Schiphol Plaza uit.
- OK, dank u wel.
- Maar let op, donderdag is er een staking!
- Oei, uitgerekend op donderdag? En wat doe ik dan?
- Dan moet u een taxi nemen ...

VLAAMS [1] het 1 uursticket [2] het dagticket [3] het ticket (auch in NL gebräuchlich) [4] de bankkaart [5] Excuseer (me/mij)

Worauf es ankommt

Wie komme ich (von hier) nach/zu ...?
Man fragt am besten: Hoe kom ik (van hieruit) bij de ...? Außerdem: Welke lijn moet ik nemen? *(Welche Linie muss ich nehmen?)* und Waar moet ik overstappen? *(Wo muss ich umsteigen?)*

Transportverbindungen
Wichtige Sätze: U neemt ... (Sie nehmen ...), U gaat ... haltes. *(Sie fahren ... Stationen.)*, U stapt in ... uit. *(Sie steigen in ... aus.)*, U rijdt tot de halte ... *(Sie fahren bis zur Station ...)*, U moet lijn ... nemen. *(Sie müssen die Linie ... nehmen.)*

Ein bisschen Grammatik

Die Subjektformen (ich, du etc.) der persönlichen Fürwörter kennen Sie bereits. Die Objektformen (mir, mich etc.) finden Sie im Anhang auf Seite 110. Das Niederländische unterscheidet nicht zwischen Akkusativ und Dativ.

Jan ziet **mij**. — Jan sieht **mich**.
Jan geeft **mij** een kaartje[3]. — Jan gibt **mir** eine Fahrkarte.

Beim Dativ findet man neben der einfachen Grundform auch die Form mit aan.

Jan geeft een kaartje[3] **aan mij**. — Jan gibt **mir** eine Fahrkarte.

Zugehörigkeit wird mit van ausgedrückt.

Het kaartje[3] is **van mij**. — Die Fahrkarte **gehört mir**.

Oefeningen

1 Verständnis und Aussprache

Die alte Story! Erst verstehen und dann ganz einfach nachsprechen, bitte! ▶ 57

1. Ik had graag een dagkaart[2], alstublieft.
2. Hoe kom ik bij het station?
3. U neemt vanaf hier de bus. Na zes haltes bent u er.
4. Welke lijn moet ik nemen?
5. U neemt lijn 5 en stapt bij het eindstation uit.
6. Maar let op, vandaag is er een staking ...

na = nach

2 Persönliche Fürwörter

Ersetzen Sie die fett gedruckten Namen und Wörter durch ein persönliches Fürwort.
Unbekannte Formen können Sie im Grammatikteil nachschlagen.

1. **Jo** geeft een kaart aan **An**. ________ geeft een kaart aan ________.
2. **De "Telegraaf"** is van **Willem**. ________ is van ________.
3. **Lore** ziet **Els en Wim**. ________ ziet ________.
4. **De geldautomaat** wil **mijn bankpas**[4] niet teruggeven.
   ________ wil ________ niet teruggeven.
5. **Luc** gaat **mijn vrouw en mij** bellen. ________ gaat ________ bellen.
6. **Jij en je broer** bezoeken **mij en mijn vriend**. ________ bezoeken ________.

3 Die Wochentage

Erinnern Sie sich an die niederländischen Wochentage? Wenn ja, dann setzen Sie diese bitte in den Mini-Dialog ein (die deutschen Namen stehen hier nur als Platzhalter).

Let op, **maandag** is er een staking! – Oh nee, uitgerekend **maandag**?

1. Montag
2. Dienstag
3. Mittwoch
4. Donnerstag
5. Freitag
6. Samstag
7. Sonntag

4 Was gehört wohin?

Vervollständigen Sie bitte die Sätze mit den angegebenen Wörtern.

tot – haltes – moet – weekpas – lijn

1. Hoeveel kost een ____________________?
2. U rijdt ____________________ aan het eindstation.
3. Er is een staking, u ____________________ een taxi nemen.
4. Het zijn zes ____________________ tot aan het Leidseplein.
5. Sorry[5], welke ____________________ moet ik nemen?

5 Fernweh

Auf Seite 142 finden Sie einen Metroplan. Jeder fragt seinen Tischnachbarn, wie er vom centraal station zu einem bestimmten Ziel kommt und lässt sich nach dem Muster den Weg erklären.

- Hoe kom ik bij ...?
- Dat is makkelijk, u neemt ... Na ... haltes stapt u uit bij de halte ..., dan neemt u lijn ... richting ... tot aan de halte ...
- OK, dank u wel.

makkelijk = einfach, leicht

Ajax Stadion / Amsterdam

Im Taxi
de taxi/de taxichauffeur
das Taxi/der Taxifahrer

Kunt u een taxi bellen, alstublieft?
Können Sie bitte ein Taxi rufen?

Hallo, ik had graag een taxi naar ..., alstublieft.
Hallo, ich möchte bitte ein Taxi nach ...

Wat kost het?
Wie viel macht das?

De rest is voor u.
Stimmt so. (wörtlich: Der Rest ist für Sie.)

Small Talk
Wat een weer, hè!
Was für ein Wetter!

Wat is het vandaag heet/koud!
Wie heiß/kalt es heute ist!

Regent het hier altijd zoveel?
Regnet es hier immer so viel?

Wat voor weer wordt het morgen?
Wie wird das Wetter morgen?

Het zou gaan regenen.
Es soll regnen.

Houdt u van voetbal?
Mögen Sie Fußball?

Jazeker! / Niet echt ...
Ja, klar! / Nicht wirklich ...

Voor welke ploeg bent u?
Für welche Mannschaft sind Sie?

Eerlijk gezegd ...
Ehrlich gesagt ...

Der Konditional
wird im Niederländischen mit zou (Plural zouden) + Grundform gebildet. Er wird für Vorgänge, die nicht real, sondern nur möglich sind, verwendet. Het zou gaan regenen. Er wird auch für sehr höfliche Bitten gebraucht: Wij zouden graag ... (willen) kopen. (Wir würden gern ... kaufen.)

Naar de luchthaven, alstublieft.

Hören Sie den Dialog und setzen Sie die fehlenden Wendungen ein. ▶ 58

vandaan – bent – van – al – Duitser

- ________________ u vrij?
- Ja hoor, tot uw dienst. Geeft u mij de bagage maar. Waar moet u heen?
- Naar de luchthaven, alstublieft.
- Vertrekt u ________________ ? Bevalt Amsterdam u niet?
- Jawel, heel erg ... En het is zelfs zonnig en warm ... Maar ik moet terug naar mijn werk ...
- Ja, u heeft gelijk, het is echt een lekker weertje ... Maar volgende week zou het gaan regenen, wist u dat? U vertrekt net op tijd ... Maar waar komt u dan ________________ ?
- Ik ben ________________ .
- Ah, ik begrijp het. Maar tenminste doet Bayern München het dit jaar goed, of niet? Houdt u ________________ voetbal? Voor welke ploeg bent u?
- Hmm, eerlijk gezegd ...
- Ik ben Ajaxfan, weet u. Voor mij is AFC Ajax alles!

VLAAMS [1] Excuseer (me/mij)

Worauf es ankommt

Mit dem Taxi
Wichtige Sätze sind: Bent u vrij? *(Sind Sie frei?)*, Sorry[1], hoeveel kost een rit tot/naar ...? *(Verzeihung, was kostet es zum/nach ...?)*. Das gewünschte Fahrtziel gibt man am einfachsten nur in Verbindung mit alstublieft *(bitte)* an: Rozengracht 25, alstublieft. *(Zur Rozengracht 25, bitte.)* oder Naar de luchthaven, alstublieft. *(Zum Flughafen, bitte.)*

Das Wetter
Het is koud/warm/heet. *(Es ist kalt/warm/heiß.)*, Het weer is goed/slecht. *(Das Wetter ist schön/schlecht.)*, Het is een lekker weertje. *(Das Wetter ist angenehm.)*, Het is bewolkt. *(Es ist bewölkt.)*, Het is zonnig. *(Es ist sonnig.)*, Er is veel wind. *(Es ist windig.)*, Het waait. *(Es geht ein Wind.)*, Het regent. *(Es regnet.)*, Het sneeuwt. *(Es schneit.)*, Het is mistig. *(Es ist neblig.)*

Ein bisschen Grammatik

Hier die wichtigsten Fragewörter im Überblick (einige kennen Sie bereits):

hoe(veel)?	wie (viel)?	waar?	wo?
wie?	wer?	waar ... heen/naartoe?	wohin?
wat?	was?	waar ... vandaan?	woher?
wanneer?	wann?	waarom?	warum?

Oefeningen

10b

1 Verständnis und Aussprache

Alles verstanden? Dann sprechen Sie bitte einfach mal nach! ▶ 59

1. Bent u vrij? Ik moet naar het station.
2. Ja hoor, tot uw dienst mevrouw. Geeft u mij uw koffer maar.
3. Sorry[1], hoeveel kost een rit naar de haven?
4. Wat een slecht weer vandaag! Het regent en het waait.
5. Maar volgende week zou het beter worden.
6. Van welke Italiaanse ploeg bent u fan?

de rit = die Fahrt
de haven = der Hafen

2 Was passt zueinander?

Können Sie jedem Satz eine logische Antwort zuordnen?

1. Bent u vrij?
2. Waar kan ik u naartoe brengen?
3. Van welke ploeg bent u fan?
4. Maar waar komt u dan vandaan?
5. Vertrekt u al?
6. Houdt u van voetbal?

a. Van Club Brugge!
b. Ja hoor, tot uw dienst.
c. Eerlijk gezegd niet echt ...
d. Ja, jammer genoeg.
e. Naar het station.
f. Ik ben Oostenrijkse.

jammer genoeg = leider

3 Hören und verstehen

Hören Sie den Dialog aufmerksam an, dann ist es ein Leichtes für Sie, die Fragen zu beantworten bzw. die Sätze zu ergänzen. ▶ 60

1. Reto moet ...
   a. naar de luchthaven
   b. naar de haven
2. Is het mooi weer?
   a. Ja, het is heerlijk weer.
   b. Nee, het regent erg.
3. Waarom gaat Reto terug naar Bern?
   a. Hij moet terug voor zijn werk.
   b. Amsterdam bevalt hem niet.
4. De taxichauffeur is fan van ...
   a. AFC Ajax
   b. FC Den Haag

mooi = schön, gut

4 Das liebe Wetter

Auch in den Niederlanden und in Belgien ist das Wetter ein beliebtes Gesprächsthema. Sagen Sie auf Niederländisch, dass ...

1. es heute heiß ist
2. es kalt ist und schneit
3. das Wetter schön ist und die Sonne scheint
4. das Wetter schlecht ist und es neblig ist
5. es bewölkt und windig ist
6. es nächste Woche regnet

5 Fußballfans vor!

Jeder Kursteilnehmer fragt seinen Tischnachbarn nach dessen Lieblingsteam.

- ■ Hou je van voetbal?
- ● Jazeker! / Niet echt ...
- ■ Voor welke Nederlandse/Belgische ploeg ben je?
- ● Ik ben fan van ...
- ■ En in Duitsland?
- ● Daar ben ik voor ...

Ajax Stadion / Amsterdam

Het belangrijkste in één oogopslag

Wichtiges! ▶ 61

Let op!
Achtung! / Vorsicht!

Uitgerekend ...
Ausgerechnet ...

Geeft u mij maar ...
Geben Sie mir nur ...

U heeft gelijk.
Sie haben recht.

net op tijd
gerade rechtzeitig

Mit dem Fahrrad

Ik zou graag een fiets (willen) huren.
Ich würde gern ein Fahrrad mieten.

Voor hoe lang?
Für wie lange?

Voor een uur/twee uur/een dag.
Für eine Stunde/zwei Stunden/ einen Tag.

Zijn er fietspaden?
Gibt es Radwege?

Heeft u een stadsplattegrond/ VL *stadsplan*?
Haben Sie einen Stadtplan?

Bus, U-Bahn, Straßenbahn

de bus	der Bus
de metro	die U-Bahn
de tram	die Straßenbahn
de halte	die Haltestelle
het station	der Bahnhof/die Station
Moet ik overstappen?	Muss ich umsteigen?
Ja, u moet in ... uitstappen.	Ja, Sie müssen in ... aussteigen.
In welke richting?	In welche Richtung?

Fahrkarten

Waar kan ik ... kopen?	Wo kann ich ... kaufen?
een normaal kaartje/ VL NL *ticket* / een dagkaart/ VL NL *dagticket*	eine normale Fahrkarte / eine Tageskarte
een weekpas/maandpas	eine Wochen-/Monatskarte
Waar is het (kaartjes)loket?	Wo ist der (Fahrkarten-)Schalter?

Im Taxi

de taxi	das Taxi
de taxichauffeur	der Taxifahrer
Kunt u een taxi bellen?	Können Sie ein Taxi rufen?
Kunt u hier wachten?	Können Sie hier warten?
Wat kost dat?	Wie viel kostet das?
De rest is voor u.	Stimmt so. (wörtlich: Der Rest ist für Sie.)
Het is goed zo.	Stimmt so.

Small Talk

Wat is het vandaag heet/koud!	Wie heiß/kalt es heute ist!
Regent het hier altijd zoveel?	Regnet es hier immer so viel?
Wat voor weer wordt het morgen?	Wie wird das Wetter morgen?
Houdt u van voetbal?	Mögen Sie Fußball?
Jazeker!	Ja, klar!
Niet echt ...	Nicht wirklich ...
Voor welk team bent u?	Für welche Mannschaft sind Sie?
Ik ben fan van ...	Ich bin Fan von ...

Reiseerfahrungen

Bent u ooit al in Nederland geweest?	Waren Sie schon mal in den Niederlanden?
Nee, het is de eerste keer.	Nein, es ist das erste Mal.
Ja, het is mijn ... keer.	Ja, es ist mein ... Mal.
tweede/derde/vierde	zweites/drittes/viertes
Ja, veel jaren geleden.	Ja, vor vielen Jahren.

Was mir sonst noch wichtig ist

ONDERWEG IN NEDERLAND EN BELGIË

Het juiste kaartje

Alle vervoerbewijzen moeten bij het instappen in een bus, tram, metro of trein voor de kaartlezer gehouden worden. Die bevestigt met een groen lampje en een akoestisch signaal dat de kaart correct werd ingelezen. In Nederland moet je voor je uitstapt op dezelfde manier uitchecken. Zorg ervoor dat je dit niet vergeet, anders loopt de teller gewoon door. Alles begrepen? Goed, maar let op, want in het openbaar vervoer komen soms stakingen voor. Je vraagt dus het beste vooraf even na.

Wist je dat?

Sinds enkele jaren staan in veel steden ook huurfietsen ter beschikking (bv. www.macbike.nl, www.velo-antwerpen.be). Sommige van deze organisaties hebben aan iedereen gedacht. Naast de gewone stadsfietsen verhuren ze ook fietsen met kinderzitjes, elektrische fietsen, tandems, bakfietsen en zelfs rolstoelfietsen. Er is altijd wel een fiets die bij je past.

Voetbal!

Nederland en België mogen veel gemeen hebben, als het om voetbal gaat, heerst er echter een grote rivaliteit. Nederland is altijd een topvoetballand geweest, maar de laatste jaren heeft België zijn achterstand ingehaald. Tijdens een wedstrijd tussen Oranje en de Rode Duivels laaien de gemoederen hoog op, of het nu een wereld-kampioenschapsmatch is of een vriendschappelijke wedstrijd.

HET MAASLAND – FIETSPARADIJS OVER DE GRENS HEEN

Niet te missen! – Bezienswaardigheden

Het *Maasland* is van alle regio's in Nederland en Vlaanderen de populairste fietsregio. Geen wonder, want het landschap rond de Maas is prachtig en lekker vlak. Deze grensstreek is dus ideaal voor een familievakantie. Met de veerpontjes steek je gemakkelijk de rivier over, waardoor je opeens in het andere land staat. De fietsroutes in beide landen sluiten perfect op elkaar aan, dus verdwalen zal je zeker niet. *Maaseik*, *Maasmechelen*, *Maastricht*, ... voor je het beseft, heb je veertig kilometer in de benen. En fiets niet te snel, want er is onderweg veel te zien. Stop ook zeker eens bij de bakker voor een lekkere *knapkoek*, de beroemde ronde koek van gegist droog deeg, bestrooid met ruwe suikerkorrels.

Smakelijk! – Regionale specialiteiten

Na het fietsen kun je heerlijk tot rust komen in een van de pittoreske Maasdorpjes of -stadjes met tal van knusse restaurantjes. De bekendste specialiteit is *zuurvlees*, dat zijn naam dankt aan de marinade van azijn. Het wordt bereid met rundvlees, varkensvlees, paardenvlees of konijn. In tegenstelling tot wat je zou verwachten, smaakt zuurvlees eerder zoet dan zuur. De smaak van de azijn wordt namelijk gecompenseerd door de toevoeging van *peperkoek en stroop*. En als dessert mag natuurlijk een heerlijk stuk Limburgse *vlaai* niet ontbreken.

Geheime tips

Een originele manier om van de prachtige *Maasstreek* te genieten is een avontuurlijke vaart over de rivier per kajak. Tussen april en oktober kun je op vele plaatsen kajakken huren voor één of meerdere personen. Vooral een aanrader op de authentieke stukken van de Maas die niet gekanaliseerd zijn.

11

Einkaufen – Boodschappen doen

Was Sie in dieser Lektion lernen:
- wie man auf dem Markt Lebensmittel und Blumen kauft.
- wie man Kleidung kauft, sich nach der Größe erkundigt und fragt, ob man etwas anprobieren kann.

Bringen Sie Farbe in Ihr Niederländisch!

Einen Spaziergang über einen bunten Blumenmarkt sollte man sich in den Niederlanden auf keinen Fall entgehen lassen. Schauen Sie sich das Foto an. Welche der folgenden Farben erkennen Sie darauf?

1. geel
2. blauw
3. groen
4. rood
5. roze
6. oranje
7. paars
8. wit

Tomaten gefällig?

90% der in den Niederlanden produzierten Tomaten werden frisch exportiert – die Hälfte davon nach Deutschland. Die Niederlande sind zusammen mit Mexiko Tomatenexportweltmeister! Außerdem spezialisieren sich die Niederländer immer mehr auf die Züchtung und Veredelung von Samen. Inzwischen wird hier ein Drittel des Tomatensaatguts weltweit entwickelt.

Auf dem Markt
Ik had graag ...
Ich hätte gern ...

appels/peren
Äpfel/Birnen

sinaasappels[2]/perziken
Orangen/Pfirsiche

druiven/pruimen
Trauben/Pflaumen

een meloen
eine Melone

aardappelen/paprika's
Kartoffeln/Paprika(s)

(een krop) sla
(einen Kopf) Salat

Preisangaben
Hoeveel kosten die appels?
Wie viel kosten diese Äpfel?

Wat kosten die tulpen?
Was kosten diese Tulpen?

Drie euro per kilo.
Drei Euro das Kilo.

Tien euro voor een bos.
Zehn Euro für einen Strauß.

Weitere Mengenangaben
honderd gram/een ons spek
hundert Gramm Speck

vijfhonderd gram/een pond leverpastei
500 Gramm/ein Pfund Leberpastete

een punt taart
ein Stück Torte

een pak bloem
eine Packung Mehl

een blik(je) tonijn
eine Dose Thunfisch

een fles water
eine Flasche Wasser

een pot(je) jam
ein Glas Marmelade

een pot(je) yoghurt
ein Becher Joghurt

Ik had graag een kilo tomaten.

Hören Sie sich den folgenden Dialog an. Kauft die Kundin außer Gemüse noch etwas, und wenn ja, was? ▶ 62

- Wie is er aan de beurt?
- Ik. Een kilo tomaten graag.
- Zijn deze goed? ... Ziezo[1]. Verder nog iets?
- Ja, rode paprika's en een krop sla, alstublieft.
- Hoeveel paprika's had u graag?
- Ik had er graag drie. ... Heeft u ook kaas?
- Jazeker. Heeft u liever jonge of oude?
- Doet u maar oude ...
- Dan doen we een mooi stuk Oud Amsterdam ... Is het zo goed?
- Een beetje meer, alstublieft ... Ja, zo is het goed.
- Alstublieft. Wenst u anders nog iets?
- Nee, dat is alles, dank u. Hoeveel is dat bij elkaar?
- Dat is dan vijftien euro.
- Alstublieft, meneer.
- Dank u en tot ziens!

VLAAMS [1] Voilà [2] appelsienen

Worauf es ankommt

Mengenangaben
Die wichtigsten sind: een kilo aardappelen *(ein Kilo Kartoffeln)*, een halve kilo tomaten *(ein halbes Kilo Tomaten)*, een liter melk *(ein Liter Milch)*, een halve liter karnemelk *(ein halber Liter Buttermilch)*, een stuk jonge kaas *(ein Stück junger Käse)*, een beetje sla *(ein bisschen Salat)*.

Einkaufsvokabular
Der Verkäufer fragt gewöhnlich: Is het zo goed? *(Ist das recht so?)*, Is het zo genoeg? *(Reicht das?)* oder (Wenst u) anders/verder nog iets? *(Darf's sonst noch etwas sein?)* Als Antwort passen: Dat is goed. *(Das reicht.)*, Een beetje meer. *(Ein bisschen mehr.)* oder Een beetje minder. *(Ein bisschen weniger.)* Andere nützliche Wendungen sind: Dat is te duur. *(Das ist zu teuer.)*, Dat is alles, dank u. / Dat was het, bedankt. *(Das ist/war alles, danke.)*

Ein bisschen Grammatik

In vielen Mengenangaben wird das Wörtchen er verwendet. Im Deutschen gibt es hierfür keine Entsprechung: Hoeveel paprika's wilt u? *(Wie viele Paprika[s] möchten Sie?)* – Ik had **er** graag drie. *(Ich hätte gern drei.)* Hoeveel kilo tomaten wilt u? *(Wie viel Kilo Tomaten möchten Sie?)* – Ik had **er** graag twee. *(Ich hätte gern zwei.)*

Oefeningen

1 Verständnis und Aussprache

Sie verstehen die folgenden Sätze, nicht wahr? Dann sprechen Sie sie bitte nach! ▶ 63

1. Ik had graag een kilo sinaasappels[2], alstublieft.
2. Zijn deze goed? Ziezo[1]. Anders nog iets?
3. Ja, een kilo perziken en een stuk jonge kaas ...
4. Jazeker. Dan doen we een mooi stuk jonge Goudse.
5. En hier zijn de perziken. Is dat alles?
6. Ja, dat is alles, bedankt. Hoeveel is het?

2 Topf und Deckel

Hier passt nur eine Antwort zu einer Frage. Wissen Sie, welche?

1. Wie is er aan de beurt?
   a. Ja, dat klopt.
   b. Ik.
2. Hoeveel wilt u er?
   a. Ik wil er één.
   b. Een beetje meer.
3. Is dat alles?
   a. Ja, dat is het.
   b. Rode.
4. Hoeveel is het?
   a. Dat is te duur!
   b. Dat is twaalf euro.

3 Kurz mal was einkaufen

Setzen Sie die Wörter 1–6 in den Beispielsatz ein. Die Ausdrücke ons (100 Gramm) und pond (Pfund) machen Ihnen wohl keine Probleme, oder?

Ik neem **een kilo appels**, alstublieft.

1. een kilo – appels
2. 400 gram – perziken
3. een pond – tomaten
4. twee kilo – aardappelen
5. een ons – jonge kaas
6. 200 gram – spek

4 Bitte einsetzen

Setzen Sie die Mengenangaben und die dazugehörigen Waren in den Beispielsatz ein. Nur eine Kombination macht jeweils Sinn.

Ik had graag ..., alstublieft.

1. een ons	a. water
2. een punt	b. taart
3. een pak	c. tonijn
4. een blikje	d. spek
5. een fles	e. jam
6. een potje	f. bloem

5 Einfach mal nachspielen

Spielen Sie mit Ihrem Tischnachbarn den Dialog auf Seite 90 nach und benutzen Sie dabei die Ihnen bekannten Redewendungen.

- ■ Wie is er aan de beurt?
- ● Ik. Ik had graag een kilo ...
- ■ Zijn deze goed? Verder nog iets?
- ● Heeft u ...?
- ■ Jazeker ...

Kleidungsstücke
de jurk
das Kleid
de rok
der Rock
de broek
die Hose
de jeans/spijkerbroek
die Jeans
het T-shirt/het hemd
das T-Shirt/das Hemd
de bloes/blouse
die Bluse
de trui
der Pullover
de jas
die Jacke
het colbert(jasje)/het pak
das Sakko/der Anzug
de sokken
die Socken
de schoenen
die Schuhe
de schoenen met hoge hakken
die Stöckelschuhe
de sjaal
der Schal
de das
die Krawatte
de handschoenen
die Handschuhe
de handtas
die Handtasche
de riem
der Gürtel

Im Laden
Kan ik u helpen?
Kann ich Ihnen helfen?
Ik kijk alleen maar, dank u.
Ich schaue nur, danke.
Waar zijn de paskamers?
Wo sind die Umkleidekabinen?
Zit het lekker?
Sitzt/Passt es gut?

Heeft u een maatje groter?

Hören Sie den Dialog und setzen Sie die fehlenden Wendungen ein. ▶ 64

groene – helpen – zoek – groter – daar

- Goedemorgen, kan ik u ______________ ?
- Ja, ik wil graag het jurkje uit de etalage passen.
- Dat ______________ met strepen?
- Inderdaad. Heeft u het in maat 40?
- Ja natuurlijk, een momentje ... Alstublieft, hier is het. Als u het wilt passen, ______________ zijn de paskamers.

...

- En, zit het lekker?
- Ik weet niet, het lijkt me wat strak ... Wat vindt u? Een maatje ______________ is misschien beter?
- Maar nee! Ik vind het perfect zitten ... Het staat u beeldig ...
- Vindt u? Goed, dan neem ik het. En ik heb ook een paar schoenen nodig, chique, met hoge hakken ...
- Welke schoenmaat heeft u?
- Ik heb maat 39 ... En dan ______________ ik ook nog een handtas, een riem, een ...

Worauf es ankommt

Haben Sie ...?
Man fragt: Heeft u ...? *(Haben Sie ...?)* oder, falls man bereits weiß, was man möchte: Ik wil graag deze/dit ... passen. *(Ich würde gern diesen/diese/dieses ... anprobieren.)*, z. B. Wat is deze broek mooi! Kan ik hem passen? *(Wie schön diese Hose ist! Kann ich sie anprobieren?)*

Größe
Welke maat heeft u? *(Welche Größe haben Sie?)* Die Antwort lautet: (Ik heb) maat 40. *([Ich habe] Größe 40.)* Passt etwas nicht so ganz, sagt man: Het is wat te strak/wijd/groot/klein/lang/kort. *(Es ist etwas zu eng/weit/groß/klein/lang/kurz.)*

Ein bisschen Grammatik

Wie man die erste Steigerungsstufe bildet, haben Sie ja schon in Lektion 7 gelernt (z. B. een maatje **groter**). Die zweite Steigerungsform (*am größten*) bildet man mit der Endung -st und het.

groot – groter – **het grootst**	groß – größer – am größten
klein – kleiner – **het kleinst**	klein – kleiner – am kleinsten
goed – beter – **het best**	gut – besser – am besten
Maat 42 past **het best**.	Größe 42 passt am besten.

Oefeningen

1 Verständnis und Aussprache

Verstehen Sie die folgenden Wörter und Sätze? Dann bitte wieder nachsprechen! ▶ 65

1. Goedemorgen, kan ik u helpen?
2. Ja, ik wil graag dit jurkje passen.
3. Natuurlijk, welke maat heeft u?
4. 38. Waar zijn de paskamers?
5. Daar. En, zit het lekker?
6. Volgens mij is het wat strak, of niet?

2 Setzen Sie's ein

In Lektion 9 haben Sie bereits die hinweisenden Fürwörter gelernt: deze, die, dit und dat. Erinnern Sie sich? Setzen Sie die korrekten Formen in die folgenden Sätze ein.

1. Hoeveel kost ________ handtas?
2. Hoe zit ________ jurkje?
3. Ik hou niet van ________ sokken.
4. Wat is ________ broek mooi!
5. Heeft u ________ hemd ook in het rood?
6. ________ spijkerbroek zit te strak.

3 Hören und verstehen

Hören Sie sich den Dialog an und beantworten Sie die Fragen bzw. ergänzen Sie die Sätze. ▶ 66

1. Els wil ... passen.
   a. een hemd
   b. een bloesje
3. In welke kleur?
   a. Blauw.
   b. Geel.
2. Welke maat heeft ze?
   a. 40.
   b. 42.
4. Maar het is wat ...
   a. strak
   b. wijd

In welke kleur? = In welcher Farbe?

4 Welche Antwort passt?

Hier passt nur eine Antwort pro Frage. Wissen Sie, welche?

1. Kan ik het passen?
   a. Sorry[1], mevrouw.
   b. Natuurlijk, mevrouw.
2. Waar is de paskamer?
   a. Achteraan in de winkel.
   b. Het is te groot.
3. Wat vind je ervan?
   a. Goedemorgen.
   b. Het staat je beeldig.
4. Kan ik u helpen?
   a. Ja, ik wil dit graag passen.
   b. Ik heb maat 37.

achteraan = hinten
beeldig = reizend

VLAAMS [1] Excuseer (me/mij)

5 Einfach nur improvisieren

Spielen Sie den Dialog auf Seite 92 nach und improvisieren Sie mit den Ihnen bekannten Sätzen und Floskeln.

- ■ Goededag, kan ik u helpen?
- ● Ja, ik wil graag ... passen.
- ■ Welke maat heeft u?
- ● Ik heb maat ...
- ■ Hoe vindt u het?
- ● Het lijkt me een beetje ...

Het belangrijkste in één oogopslag

Allgemeines ▶ 67

Een momentje.
Nur einen Moment.

Mij lijkt ...
Mir scheint ...

Volgens mij ...
Meiner Meinung nach ...

Vindt u? / Echt?
Meinen Sie? / Wirklich?

Wat vindt u van ...?
Was sagen Sie zu ...?

boodschappen doen
einkaufen

winkelen
einkaufen (eher für Kleider, Schuhe etc.)

de winkel
das Geschäft

de markt
der Markt

Farben

rood rot	paars lila
groen grün	roze rosa
geel gelb	grijs grau
blauw blau	wit weiß
bruin braun	zwart schwarz

Auf dem Markt

Wie is er aan de beurt?	Wer ist an der Reihe?
Ik had graag ...	Ich hätte gern ...
Hoeveel kost de meloen?	Wie viel kostet die Melone?
Wat kosten de appels?	Was kosten die Äpfel?
Drie euro per kilo.	Drei Euro das Kilo.
Is het zo goed?	Ist das recht so?
Is het zo genoeg?	Reicht das so?
Dat is goed/genoeg.	Das reicht.
Een beetje meer/minder.	Etwas mehr/weniger.
Dat is te duur.	Das ist zu teuer.
(Wenst u) verder/anders nog iets?	Darf's sonst noch etwas sein?
Dat is alles, dank u. / Dat was het.	Das ist alles, danke. / Das war's.

Im Laden

Kan ik u helpen?	Kann ich Ihnen helfen?
Ik kijk alleen maar, dank u.	Ich schaue nur, danke.
Heeft u ...?	Haben Sie ...?
Ik wil graag ... passen.	Ich würde gern ... anprobieren.
Welke maat heeft u?	Welche Größe haben Sie?
Ik heb maat 42.	Ich habe Größe 42.
Het is wat te ...	Es ist etwas zu ...
strak/wijd	eng/weit
lang/kort	lang/kurz
groot/klein	groß/klein
Waar zijn de paskamers?	Wo sind die Umkleidekabinen?
Zit het lekker/goed?	Sitzt/Passt es gut?

In der Buchhandlung

Heeft u boeken in het Duits?	Haben Sie Bücher auf Deutsch?
Ik zoek ...	Ich suche ...
een kookboek	ein Kochbuch
een thriller	einen Krimi
een reisgids	einen Reiseführer
een wandelkaart	eine Wanderkarte
een boek over ...	ein Buch über ...
Kan je hier een boek bestellen?	Kann man hier ein Buch bestellen?

Was mir sonst noch wichtig ist

KLEDING, MODE & CO

Belgische mode

De Belgische mode boomt. Al meer dan twee decennia positioneert ze zich als avant-gardistisch, individueel en zelfverzekerd in de internationale modewereld. Namen als Dries van Noten, Dirk Bikkembergs en Walter Van Beirendonk zijn op ieders lippen. De bekendste school voor modeontwerpers is de modeafdeling van de Koninklijke Academie voor Schone Kunsten in Antwerpen. De talrijke jonge talenten zorgen voor een frisse wind in de Belgische en internationale modewereld. Misschien was België met zijn rijke geschiedenis van textielhandel en zijn artistieke erfgoed wel voorbestemd om de catwalks te veroveren?

Wist je dat?

Het is weer in om je boodschappen te doen op de wekelijkse markt. In onze snel veranderende tijd wordt traagheid opnieuw gewaardeerd. Vergelijkbaar met de "slow food"-trend, waarbij er meer aandacht is voor kwaliteit en genieten, is er nu de "slow shopping"-trend. De mensen gaan weer naar de markt. De vraag naar verse, "eerlijke" producten stijgt. Er zijn heel veel markten in Nederland en België. Veel steden hebben initiatieven genomen om burgers weer naar de wekelijkse markten te lokken.

Winkels

Zoals in het Duits gebruikt men ook in het Nederlands vaak eerder de naam van de verkoper dan die van de winkel, dus bijvoorbeeld "Waar vind ik een bakker?" *(Wo finde ich einen Bäcker?)* in plaats van "Waar vind ik een bakkerij?" *(Wo finde ich eine Bäckerei?)*.

de bakkerij/de bakker	*die Bäckerei/der Bäcker*
de slagerij/de slager[1]	*die Metzgerei/der Metzger*
de bloemenwinkel/de bloemist	*der Blumenladen/Blumenhändler*
de kaaswinkel/de kaasboer	*der Käseladen/Käseverkäufer*
de viswinkel/de visverkoper	*der Fischladen/Fischhändler*
de biowinkel	*der Bioladen*
de supermarkt	*der Supermarkt*
de boekenwinkel	*der Buchladen*

VLAAMS [1] de beenhouwerij/de beenhouwer

GENT – TUSSEN DESIGN EN FEEST

Niet te missen! – Bezienswaardigheden

Naast Antwerpen is ook *Gent* bekend voor zijn design. In het hart van deze bruisende stad vind je het *Design Museum Gent* met een selectie van 20.000 historische en hedendaagse objecten. Je kunt er talrijke collecties bekijken waaronder juwelen-, keramiek-, meubel- en textieldesign. Ook architectuur is vertegenwoordigd (Horta, Van de Velde ...). Kom gerust met de hele familie. Het gratis museumspel geeft kinderen een leuke introductie in de designwereld.

Smakelijk! – Regionale specialiteiten

Gent is een van de vijf steden ter wereld die door de UNESCO worden erkend als "Muziekstad". Het bekendste muziekevenement is natuurlijk het festival *Gentse Feesten*. Dit festival, dat elk jaar in juli plaatsvindt, biedt niet alleen op muzikaal maar ook op culinair gebied wat je hart begeert. De *Gentse waterzooi*, een maaltijdsoep met aardappelen, groenten en vis of kip vind je hier natuurlijk ook. En als je van zoet houdt, proef dan zeker de beroemde *cuberdons*, ook wel *Gentse neusjes* genoemd. Dat zijn kegelvormige paarse snoepjes met een zachte frambozenkern. Heerlijk!

Geheime tips

Om de vijf jaar staat Gent in het middelpunt van de belangstelling van plantenfans. Van eind april tot begin mei vinden dan de *Gentse Floraliën* plaats. Bloemkwekers uit vijftien verschillende landen presenteren hun mooiste bloemen en planten en nemen deel aan een internationale wedstrijd. In dezelfde periode wordt er in de binnenstad van Gent een groen tapijt uitgerold. Niet te missen voor tuinliefhebbers!

12

Gesundheitsprobleme – Gezondheidsproblemen

Wo drückt's denn?

Wer Schmerzen hat, sollte in der Lage sein zu beschreiben, wo genau es wehtut. Sehen Sie sich die folgenden Wörter an und ordnen Sie sie ihren deutschen Entsprechungen zu.

1. het hoofd
2. de voet
3. het been
4. de arm
5. de hand
6. de buik
7. de borst
8. de rug
9. de enkel

a. der Arm, b. der Bauch, c. das Bein, d. die Brust, e. der Fuß, f. die Hand, g. der Kopf, h. der Rücken, i. der Knöchel

Was Sie in dieser Lektion lernen:
- wie man in einer Apotheke Medikamente kauft.
- wie man sagt, was einem passiert ist und wo es einem wehtut.
- wie man sagt, dass man versichert ist.

Medizinstudium-Tourismus

Immer mehr niederländische Studenten, die Arzt, Apotheker oder Tierarzt werden wollen, studieren in Flandern, um den Numerus Fixus in den Niederlanden zu umgehen. Die Universitäten von Antwerpen, Leuven und Brüssel sind dabei die häufigste Wahl.

Wat is er aan de hand?

Hören Sie den folgenden Dialog. Kann der Apotheker dem Kunden helfen? Wenn ja, wie? ▶ 68

- Hallo, zegt u het maar.
- Ik wil graag een doosje aspirine®, alstublieft … en ook iets tegen misselijkheid.
- Ja, natuurlijk … Maar wat is er precies aan de hand?
- Mijn hoofd draait, ik ben misselijk – en ik denk dat ik ook een beetje koorts heb …
- Heeft u vandaag iets abnormaals gegeten?
- Nee nee, alleen maar mosselen met een glas witte wijn. Daarna heb ik de hele namiddag op het strand in de zon gelegen … Niets bijzonders dus.
- Nou, u heeft waarschijnlijk een zonnesteek. Ik geef u dit medicijn[1]. Neemt u het drie keer per dag. En u moet vooral veel water drinken en rusten. En ik raad u aan om een paar dagen uit de zon te blijven en geen alcohol te drinken.

VLAAMS [1] het medicament [2] het voorschrift

Worauf es ankommt

Wo tut's weh?
Man sagt: Mijn … doet pijn. *(Mir tut … weh.)*, z. B. in Kombination mit hoofd *(der Kopf)*, borst *(die Brust)*, rug *(der Rücken)*, arm *(der Arm)*, knie *(das Knie)*, voet *(der Fuß)*, enkel *(der Knöchel)* oder einfach hier *(hier)*: Het doet hier pijn. Oder: Ik heb hier pijn.

Der Apotheker sagt
Meistens hört man: Waarschijnlijk heeft u … *(Wahrscheinlich haben Sie …)* Anleitung zur Einnahme von Medikamenten: Neemt u dit medicijn[1] … keer per dag … *(Nehmen Sie dieses Medikament …mal am Tag …)* voor het eten *(vor dem Essen)* oder na het eten *(nach dem Essen)*.

Ein bisschen Grammatik

In Lektion 9 (Seite 74) haben Sie das Partizip der Vergangenheit kennengelernt. Erinnern Sie sich an 't kofschip, die Eselsbrücke für die regelmäßigen Verben? Im Dialog kommen einige unregelmäßige Verben vor:

eten *(essen)* → ik heb gegeten *(ich habe gegessen)*,
liggen *(liegen)* → hij heeft gelegen *(er ist gelegen)*.

Leider gibt es für diese unregelmäßigen Verben keine Eselsbrücke, sondern man muss die Formen auswendig lernen. Im Anhang (Seite 114) finden Sie eine hilfreiche Tabelle dazu.

In der Apotheke

de apotheek
die Apotheke

de apotheker/apothekeres
der/die Apotheker/Apothekerin

het medicijn[1]
das Medikament

Ik wil graag …
Ich hätte gern …

een slaapmiddel
ein Schlafmittel

een pijnstiller
ein Schmerzmittel

een hoestsiroop
einen Hustensirup

een zuigtablet
eine Lutschtablette

Heeft u een recept[2]?
Haben Sie ein Rezept?

Ik heb …
Ich habe …

tandpijn/kiespijn
Zahnschmerzen/(Backen-)Zahnschmerzen

hoofdpijn/buikpijn
Kopfschmerzen/Bauchschmerzen

rugpijn/keelpijn
Rückenschmerzen/Halsschmerzen

een verkoudheid
eine Erkältung

koorts
Fieber

diarree
Durchfall

griep
Grippe

een hoge/lage bloeddruk
hohen/niedrigen Blutdruck

een zonnesteek
einen Sonnenstich

een indigestie
eine Magenverstimmung

Ik ben misselijk.
Mir ist übel.

Mijn hoofd draait.
Mir dreht sich der Kopf.

Oefeningen

1 Verständnis und Aussprache

Lesen und hören Sie die folgenden Sätze und sprechen Sie sie bitte nach. ▶ 69

1. Goedemorgen, ik wil graag een doosje pijnstillers, alstublieft.
2. En ook iets tegen hoofdpijn.
3. Maar vertelt u eens wat er precies aan de hand is.
4. Ik heb buikpijn en mijn hoofd draait.
5. Heeft u vandaag iets abnormaals gegeten?
6. Waarschijnlijk heeft u een zonnesteek.

2 Bitte vervollständigen

Können Sie diesen Dialog vervollständigen? Die fehlenden Wörter sind angegeben.

hoofd – medicijn[1] – koorts – hand – keer – doosje aspirine®

1. Goededag, ik wil graag een ________________, alstublieft.
2. Alstublieft, maar wat is er precies aan de ________________?
3. Mijn ________________ doet pijn.
4. En ik denk dat ik een beetje ________________ heb.
5. Dan geef ik u dit ________________.
6. U moet het drie ________________ per dag nemen, na het eten.

3 Bitte alle Wehwehchen aufzählen

Bilden Sie kurze Dialoge zu zweit entsprechend dem Muster.

Wat is er aan de hand? – **Mijn hoofd** doet pijn.

1. het hoofd
2. de arm
3. de rug
4. de knie
5. de voet
6. de enkel

4 Passende Formulierungen

Lesen Sie den Dialog noch einmal und finden Sie die passenden Formulierungen für die folgenden Situationen.

1. sagen, dass sich einem der Kopf dreht
2. fragen, was genau los ist
3. sagen, dass jemand ausruhen soll
4. fragen, ob jemand etwas Ungewöhnliches gegessen hat
5. sagen, dass jemand einen Sonnenstich hat
6. sagen, dass man sich den ganzen Nachmittag gesonnt hat

5 Das wird schon wieder!

Fragen Sie Ihre Kurskollegen nach deren (erfundenen) Beschwerden und empfehlen Sie auch gleich ein Medikament.

- ■ Wat is er precies aan de hand?
- ● Ik heb ... / Mijn ... doet pijn.
- ■ Dan geef ik u dit medicijn[1]: u moet het ... keer per dag nemen. En u moet vooral ...
- ● OK, dank u.

Beim Arzt
de dokter/arts
der Arzt
de vrouwelijke dokter/arts
die Ärztin
de tandarts
der/die Zahnarzt/-ärztin
het ziekenhuis
das Krankenhaus
de verpleger/verpleegster
der/die Krankenpfleger/-schwester
Waar doet het pijn?
Wo tut es Ihnen weh?
Mijn ... doet/doen pijn.
Mir tut/tun ... weh.
enkel/hand/voet
der Knöchel/die Hand/der Fuß
tanden/kiezen
die Zähne/die (Backen-)Zähne
Mijn enkel is gezwollen.
Mein Knöchel ist geschwollen.

Behandlung
We moeten ...
Wir müssen ...
de voet ingipsen
den Fuß eingipsen
de voet opereren
den Fuß operieren
onderzoeken doen
Untersuchungen machen
een röntgenfoto maken
ein Röntgenbild machen
Het been is gebroken.
Das Bein ist gebrochen.
Het is een verrekking.
Es ist eine Zerrung.
Ik geef u een recept[1].
Ich gebe Ihnen ein Rezept.
Ik schrijf u ... voor.
Ich verschreibe Ihnen ...
Het is (niet) erg.
Es ist (nicht) schlimm.
Het is niets ernstigs.
Es ist nichts Schlimmes.

Mijn enkel doet pijn.

Hören Sie den folgenden Dialog und setzen Sie die fehlenden Wendungen ein. ▶ 70

waarschijnlijk – maar – doen – geldig – liggen

◆ Goedemorgen, mevrouw. Gaat u ______________ zitten. De dokter zal u zo ontvangen.
■ Dank u wel. Een vraagje: mijn Duitse ziekteverzekering is toch ook ______________ in Nederland?
◆ Natuurlijk! Ah, kijk eens aan, de dokter is vrij. Komt u maar.

...

■ Goedemorgen, dokter.
● Goedemorgen, neemt u plaats. Wat kan ik voor u ______________ ?
■ Gisteren ben ik helemaal naar het strand gewandeld en toen ik terugkwam ... Ik weet niet, vandaag doet mijn enkel pijn, hij is helemaal gezwollen en ik kan niet op mijn voet steunen.
● Hm, we zullen eens kijken. Gaat u maar even op het bed ______________ . Waar doet het pijn? Hier?
■ Auw! Ja, daar is het. Denkt u dat hij gebroken is?
● Nee nee, ik denk het niet. Voor alle zekerheid maken we een röntgenfoto, maar ik weet bijna zeker dat het niets ernstigs is.
■ Laten we hopen! Weet u, ik ben speciaal naar Nederland gekomen om te wandelen ...
● ______________ is het alleen maar een verrekking. In de tussentijd schrijf ik u een zalf en pijnstillers voor ...

VLAAMS [1] het voorschrift

Worauf es ankommt

Der Arzt fragt
Hoe voelt u zich? *(Wie fühlen Sie sich?)*, Wat heeft u gegeten? *(Was haben Sie gegessen?)* oder Hoe is dat gebeurd? *(Wie ist das passiert?)*

Der Arzt rät
U moet ... *(Sie müssen ...)* licht eten *(leicht essen)*, rusten *(sich ausruhen)*, veel slapen *(viel schlafen)*.

Ein bisschen Grammatik

Das Perfekt u. a. von Verben der Bewegung wird in der Regel mit zijn *(sein)* gebildet. Wenn Sie sich am Deutschen orientieren, liegen Sie meist richtig:

komen *(kommen)* → ik ben naar huis gekomen *(ich bin nach Hause gekommen)*
wandelen *(spazieren gehen / laufen)* → ik ben gewandeld *(ich bin gelaufen)*
gebeuren *(passieren)* → het is gebeurd *(es ist passiert)*

Oefeningen

1 Verständnis und Aussprache

Haben Sie den Dialog verstanden? Dann macht es sicher keine Probleme, diese Sätze nachzusprechen, nietwaar? ▶ 71

zo = gleich

1. De tandarts kan u zo ontvangen.
2. Uw ziekteverzekering is geldig.
3. Misschien is mijn been gebroken.
4. Laten we voor alle zekerheid een röntgenfoto maken.
5. Ik schrijf u een pijnstiller voor.

2 Hören und verstehen

Bitte achten Sie in dem Dialog wieder genau auf alle Informationen und beantworten Sie die Fragen bzw. ergänzen Sie die Aussagen. ▶ 72

1. Karel heeft pijn aan ... a. zijn been b. zijn buik
2. Hoe voelt hij zich? a. Hij voelt zich erg slecht. b. Hij voelt zich erg goed.
3. Wat heeft hij gegeten? a. Een garnaalkroket. b. Een broodje haring.
4. Karel moet ... a. licht eten b. veel slapen

3 Aus Gegenwart mach Vergangenheit

Setzen Sie die in Klammern angegebenen Verben in die zusammengesetzte Vergangenheit.

1. Hij ________ naar Nederland ____________ (komen) om te wandelen.
2. Jij ________ Skype™ toch al ____________ (installeren), of niet?
3. Ik ________ dit nummer ____________ (draaien), maar het werkt niet.
4. U ________ drie dagen geleden naar Gent ____________ (komen), nietwaar?
5. Wij ________ het wachtwoord ____________ (ingeven).
6. Zij ________ uw creditcard ____________ (blokkeren).

drie dagen geleden = vor drei Tagen

4 Bitte zuordnen

Ordnen Sie jeder Frage eine logische Antwort zu. Spielen Sie dann die Minidialoge mit Ihrem Nachbarn durch.

1. Hoe voelt u zich? a. Ik denk het niet.
2. Waar heeft u pijn? b. Ik ben gevallen.
3. Hoe is het gebeurd? c. Ik voel me niet zo goed.
4. Is hij gebroken? d. Aan mijn arm.

5 Gespräche erarbeiten

Bilden Sie mit Ihrem Tischnachbarn Dialoge zu den folgenden Themen: 1. Rückenschmerzen, 2. Zahnschmerzen, 3. Kopfschmerzen, 4. gebrochenes Bein.

- ■ Ik heb ... / Mijn ... doet/doen pijn ...
- ● We zullen eens kijken, het is waarschijnlijk ... Laten we ... een ... maken.
- ■ Is het erg?
- ● (Nee), het is (niet) erg. U moet ... En ik schrijf u ... voor.
- ■ Dank u, dokter.

Het belangrijkste in één oogopslag

Allgemeines ▶ 73

precies
genau

Ik denk dat ...
Ich denke, dass ...

niets bijzonders
nichts Besonderes

dus
also

waarschijnlijk
wahrscheinlich

Ik raad u aan om ...
Ich empfehle Ihnen, ...

vooral
vor allem

Gaat u zitten!
Setzen Sie sich!

maar
doch, ruhig

Een vraagje.
Nur eine Frage.

Laten we hopen!
Hoffen wir es!

in de tussentijd
in der Zwischenzeit

In der Apotheke	
de apotheek	die Apotheke
de apotheker/apothekeres	der/die Apotheker/Apothekerin
Ik wil graag ...	Ich hätte gern ...
een doosje aspirine®	eine Packung Aspirin®
een pijnstiller	ein Schmerzmittel
een slaapmiddel	ein Schlafmittel
een hoestsiroop	einen Hustensirup
een zuigtablet	eine Lutschtablette
Heeft u een recept/VL *voorschrift*?	Haben Sie ein Rezept?
Ik heb ...	Ich habe ...
tandpijn/kiespijn	Zahnschmerzen/(Backen-)Zahnschmerzen
hoofdpijn	Kopfschmerzen
buikpijn	Bauchschmerzen
rugpijn	Rückenschmerzen
keelpijn	Halsschmerzen
een verkoudheid	eine Erkältung
koorts	Fieber
diarree	Durchfall
griep	Grippe
een allergie	eine Allergie
een hoge/lage bloeddruk	hohen/niedrigen Blutdruck
Ik ben misselijk.	Mir ist übel.
Mijn hoofd draait.	Mir dreht sich der Kopf.
Beim Arzt	
de dokter/arts	der Arzt
de vrouwelijke dokter/arts	die Ärztin
Waar doet het pijn?	Wo tut es Ihnen weh?
Het been is gebroken.	Das Bein ist gebrochen.
Het is een verrekking.	Es ist eine Zerrung.
Ik schrijf u ... voor.	Ich verschreibe Ihnen ...
Het is (niet) erg.	Es ist (nicht) schlimm.
Weitere Beschwerden	
Ik heb te veel zon gehad.	Ich habe zu viel Sonne abbekommen.
Ik ben door ... gestoken.	Mich hat ... gestochen.
een mug/een wesp/een zee-egel	eine Mücke/eine Wespe/ein Seeigel
Ik ben door ... gebeten.	Mich hat ... gebissen.
een hond/een kwal	ein Hund/eine Qualle
Ik ben gevallen.	Ich bin gefallen.
Ik heb me verbrand.	Ich habe mich verbrannt.

Was mir sonst noch wichtig ist

GEZONDHEID

Wist je dat?

Ziek op vakantie? Liever niet, maar in het ergste geval kun je met de *Europese Ziekteverzekeringskaart* (EHIC) in heel Europa onmiddellijk de nodige medische zorg krijgen. De kaart is geldig in alle EU-landen en je krijgt hem gratis bij het ziekenfonds. Als je deze kaart laat zien bij een ongeval of acute ziekte, word je meteen geholpen. Soms kan het voordelig zijn om een ziektekostenverzekering voor het buitenland af te sluiten, vooral in geval van repatriëring bij ziekte.

Waarheen in een noodgeval?

Apotheken zijn in Nederland en België meestal talrijk en gemakkelijk te vinden. Er zijn ook altijd een paar apotheken geopend buiten de normale openingstijden. Je vindt ze door mededelingen op de deur of via websites. In noodgevallen kun je het beste naar de eerstehulppost van een ziekenhuis – in Nederland *spoedeisende hulp* (SEH) of in België *spoed(afdeling)* – gaan.

Thuis of in het ziekenhuis?

Nederlandse vrouwen krijgen hun kinderen nog altijd soms thuis, terwijl Duitse vrouwen meestal in het ziekenhuis bevallen. In Duitsland geldt de thuisbevalling vaak als risicovol, maar Nederland heeft het hoogste thuisgeboortecijfer van Europa. Het krijgen van een kind wordt er minder als een medische ingreep dan als een absoluut natuurlijke gebeurtenis beschouwd. Als gevolg hiervan wordt nog altijd een aanzienlijk aantal baby's thuis geboren.

ROTTERDAM – DE HIPPE STAD

Niet te missen! – Bezienswaardigheden

Rotterdam staat bekend als de hipste stad van Nederland. Met haar indrukwekkende skyline en unieke architectuur met de *Euromast*, de *Maastoren*, de *Erasmusbrug* en de *Markthal* is ze een absolute must see! Met zijn 185 meter is de Euromast de hoogste uitkijktoren van Nederland. En met twintig meter minder is de Maastoren de hoogste wolkenkrabber van het land. De beroemde Erasmusbrug wordt ook wel "De Zwaan" genoemd, aangezien de brug wel iets weg heeft van dit dier. Zijn naam heeft de brug over de Nieuwe Maas te danken aan de Nederlandse humanist Erasmus. Vooral 's avonds ziet het bouwwerk er indrukwekkend uit. De Markthal bestaat uit een parkeergarage van vier verdiepingen met daarboven een elf verdiepingen tellende markt. Deze markt heeft, met uitzondering van de bloemenkraam, enkel voedselkramen. Vergeet tijdens je bezoek niet naar boven te kijken, de plafondversieringen zijn prachtig. Tegenover station *Blaak* en schuin tegenover de Markthal vind je de *Kubuswoningen*. Deze gele, scheve blokkendozen zijn unieke paalwoningen die in de jaren tachtig naar een ontwerp van architect Piet Blom gebouwd zijn.

Smakelijk! – Regionale specialiteiten

Bijna iedereen in Nederland heeft een zwak voor de Dudok appeltaart. De Dudok appeltaart zou dan ook de allerlekkerste appeltaart van Nederland zijn en werd voor het eerst gebakken in Rotterdam. De stad bezoeken en geen stukje appeltaart proeven, zou doodzonde zijn!

Geheime tips

Terwijl de Markthal misschien de bekendste Rotterdamse plek voor foodies is, bestaat er nog een andere, zeer interessante hotspot voor fijnproevers; net buiten het stadscentrum zorgde *The Fenix Food Factory* ervoor dat het voormalige havengebied niet verloederde. Oude magazijnen werden er omgevormd tot een authentieke versmarkt en voedingshal. Kleine cafeetjes, restaurantjes en lokale producenten bieden er hun ambachtelijke producten aan en je kunt er proeven van verschillende soorten vleeswaren en brood, zelfgebouwen bier, biologische producten, kaas ... Heel eenvoudig, maar oergezellig!

TEST 2

1 Welche Antwort stimmt?

Können Sie sich noch an alle Informationen zur Landeskunde erinnern? Na dann kreuzen Sie sicher die richtigen Aussagen an.

1. Wo ist die Pro-Kopf-Zahl der Restaurants höher?
   a. In Belgien.
   b. In den Niederlanden.
   c. Sie ist in beiden Ländern gleich.

2. Der „Christoffelpark“ ist ...
   a. in Amsterdam
   b. auf Sint Maarten
   c. auf Curaçao

3. Damit die „Elfstedentocht“ stattfinden kann, muss das Eis ... dick sein.
   a. mindestens 15 Zentimeter
   b. mindestens 20 Zentimeter
   c. mindestens 25 Zentimeter

4. Die Spezialität „zuurvlees“ ist
   a. Kaninchen mit Pflaumen
   b. fermentiertes Rindfleisch
   c. in Essig mariniertes Fleisch

5. Die bekannteste Modehochschule befindet sich in ...
   a. Gent
   b. Antwerpen
   c. Den Haag

6. Im Notfall gehen Sie in den Niederlanden ...
   a. zur Abteilung „spoedeisende hulp“
   b. zu einem Arzt, der in Deutschland studiert hat
   c. zur nächsten diensthabenden Apotheke

2 Fragen und Antworten

Sicher haben Sie die letzten sechs Lektionen aufmerksam bearbeitet, sodass diese Übung für Sie ein Kinderspiel ist.

1. Waar moet ik uitstappen?
2. Welk nagerecht kunt u ons aanbevelen?
3. Wat is uw maat?
4. Waar moet u heen?
5. Wat raadt u mij als hoofdgerecht aan?
6. Moet je geopereerd worden?
7. Hou je van voetbal?
8. Kan ik je terugbellen?

a. Naar de luchthaven, alstublieft.
b. De paling in 't groen is heel lekker.
c. Ja, dan zet ik de webcam aan.
d. Ja, ik ben Ajaxfan.
e. Op Schiphol Plaza.
f. Appeltaart of poffertjes.
g. Nee nee, het is niets ernstigs.
h. In Duitsland heb ik zevenendertig.

TEST 2

3 Fit für den „Ernstfall"?

Wiederholen Sie die Gesprächssituationen aus den vergangenen Lektionen, indem Sie eine fiktive Unterhaltung zu den folgenden Themen führen. Die angegebenen Satzfragmente und Floskeln sollten nur als Richtlinie gelten. Improvisieren ist angesagt!

1. Sie sind in einem Restaurant und möchten bestellen. Der Kellner kommt.
   - Hier is de menukaart. Wat ...?
   - Ik wil graag een voorgerecht. Zit er vlees in ...?
   - ... Neemt u ook een ...?
   - ..., de ..., alstublieft. En welke wijn kunt u ons ...?

2. Sie sind auf der Post und wollen ein Paket nach Hause schicken.
   - Goedemorgen, ik wil graag een pakket naar ... sturen.
   - Standaard of met ...?
   - Normaal ... prima ...
   - Dat is dan ... euro ...

3. Sie sind auf der Bank wegen eines Problems mit Ihrer EC-Karte.
   - Goedemorgen, wat kan ik voor u doen?
   - Ik ben een toerist uit ... en ik heb een probleem met mijn ... De ... geeft hem niet terug. Wat ... ik ...?
   - Tja, dan moet uw bank ons ... sturen.
   - OK, maar wat moet ik ... om mijn bankpas terug te krijgen? Ik moet ... betalen!

4. Sie erkundigen sich nach der besten Verbindung, z. B. zum Flughafen.
   - Sorry, hoe kom ik bij de ...?
   - U neemt ... en u gaat ... haltes.
   - En waar moet ik ...?
   - U stapt ... uit. En dan is het niet ver meer.

5. Sie kaufen als Selbstversorger Obst und Gemüse auf einem Markt ein.
   - Wie is er aan de beurt?
   - Ik. Een kilo ... graag en ook ...
   - Alstublieft, mevrouw. ... nog iets?
   - ... dat is alles, ... Hoeveel is het?

6. Sie haben Beschwerden und suchen die nächste Apotheke auf.
   - Wat is er precies aan de hand?
   - Ik heb ... en mijn ... doet pijn.
   - Heeft u vandaag ... gegeten?
   - Nee, alleen maar ...

4 Und jetzt noch schnell auf Niederländisch!

Gratulation: Sie haben es geschafft und verfügen nun über das nötige „Handwerkszeug", damit Ihre nächste Reise ein voller Erfolg wird. **Veel plezier in Nederland en België!** (Viel Spaß in den Niederlanden und in Belgien!)

1. Können Sie mir helfen? ____________________
2. Guten Appetit! ____________________
3. Ist das recht so? ____________________
4. Sie haben recht! ____________________
5. Die Rechnung, bitte! ____________________
6. Leider nein. ____________________
7. Kein Problem. ____________________
8. Ist es scharf? ____________________

Grammatik im Überblick

Die wichtigsten Ausspracheregeln des Niederländischen

Konsonanten

- **C** vor **a**, **o**, **u** und **Konsonanten** wird wie **k** in „**K**ind“ gesprochen: **c**ollega, dire**c**t.
- **C** vor **e** und **i** dagegen wird wie **s** in „da**ss**“ gesprochen: **c**entraal, **c**itroen.
- **CH** wird entweder wie **ch** in „Na**ch**t“ gesprochen (in Flandern etwas weicher als in den Niederlanden): la**ch**en, ar**ch**itect oder wie **sch** in „**Sch**okolade“: ma**ch**ine, **ch**ocolade.
- **G** wird wie **ch** in „Na**ch**t“ gesprochen: **g**aat, **g**oeieda**g**.
- **L** wird etwas kehliger als im Deutschen gesprochen (ähnlich wie im Kölner Dialekt): **l**euk, festiva**l**.
- **S** wird stimmlos gesprochen, wie in „da**ss**“, auch am Wortanfang: rei**s**, **s**orry.
- **S** wird auch vor **p** oder **t** wie **s** gesprochen und nicht wie im Deutschen „**Sp**ort“ oder „**St**all“ wie **sch**: **sp**oed, **st**andaard.
- **SCH** wird anders als im Deutschen wie das scharfe **s** in „da**ss**“ gefolgt von **ch** wie in „Na**ch**t“ gesprochen: **Sch**iphol, **sch**rijven. Am Ende einer unbetonten Silbe wird es jedoch wie ein einfaches scharfes **s** gesprochen: Belgi**sch**, een Belgi**sch**e vrouw.
- **T** in **TIE** am Wortende wird wie **z** gesprochen (in Flandern jedoch wie **s**): vakan**tie**.
- **Z** wird stimmhaft gesprochen wie **s** in „**S**ommer“: **z**even, tot **z**iens.

Alle weiteren Konsonanten werden wie im Deutschen gesprochen.

Vokale

- Die Vokale **a**, **e**, **o** und **u** können sowohl lang als auch kurz sein.
  - Wenn sie **lang** sind, werden sie entweder einfach oder doppelt geschrieben, je nachdem, ob sie sich in einer **offenen** (endet auf Vokal) oder **geschlossenen** (endet auf Konsonant) Silbe befinden.
    - > In einer offenen Silbe wird ein langer Vokal einzeln geschrieben: k**a**-mer, g**e**-ven, st**u**-ren. Auch das Wortende zählt als offene Silbe: Ik g**a**, n**u**. Hierzu gibt es nur eine Ausnahme: das lange **e** wird am Wortende stets doppelt geschrieben: z**ee**, tw**ee**.
    - > In einer geschlossenen Silbe hingegen wird der lange Vokal doppelt geschrieben: Ik g**ee**f, hij m**aa**kt.
  - Wenn sie **kurz** sind, kommen sie nur in geschlossenen Silben vor und werden immer einfach geschrieben: Ik z**e**g, k**u**n-nen.
- **E** wird, wenn es kurz und unbetont ist, wie das stumme **e** in „Jung**e**“ gesprochen: d**e**, kam**e**r.
- **E** wird, wenn es kurz und betont ist, wie das **e** in „M**e**nsch“ gesprochen: hot**e**l, c**e**ntrum.
- **E** wird, wenn es lang ist, wie das **ee** in „M**ee**r“ gesprochen: b**ee**tje, g**e**ven.
- **U** wird, wenn es kurz ist, wie das **ö** in „Ger**ö**ll“ gesprochen: Br**u**gge, n**u**l.
- **U** wird, wenn es lang ist, wie das **ü** in „T**ü**r“ gesprochen: d**uu**r, dank **u**.
- **I** wird, wenn es kurz ist, wie im Deutschen gesprochen: **i**k.
- **I** wird, wenn es lang ist, wie **ie** geschrieben (sowohl in einer offenen als auch in einer geschlossenen Silbe), aber deutlich kürzer als die deutsche Entsprechung in „L**ie**be“ gesprochen: n**ie**t, alstubl**ie**ft.
  Soll das **e** gesprochen werden, wird es **ië** geschrieben: Belg**ië**.

Diphthonge

- **EI/IJ** haben keine Entsprechung im Deutschen. Sie werden beide wie **ä** gefolgt von einem **j** gesprochen: tr**ei**n, m**ij**n.
  Eine Ausnahme ist das **ij**, wenn es Teil des Suffix -lijk ist. In diesem Fall wird es wie **e** in „Jung**e**“ gesprochen: kwal**ij**k, hartel**ij**k.
- **EU** wird wie **ö** in „sch**ö**n“ gesprochen: conduct**eu**r, geb**eu**ren.
- **OE** wird wie **u** in „g**u**t“ gesprochen: g**oe**d, h**oe**.
- **OU** wird wie **au** in „Fr**au**“ gesprochen: j**ou**, k**ou**d.
  Am Wortende folgt auf **ou** oft ein **w**, das aber nicht gesprochen wird: vr**ouw**.

- **AU** wird ebenfalls wie **au** in „Fr**au**" gesprochen: p**au**ze.
  Auch auf **au** folgt am Wortende oft ein **w**, das nicht gesprochen wird: g**auw**.
- **UI** hat keine Entsprechung im Deutschen. Es wird in etwa wie ein **ö** gefolgt von einem **j** gesprochen, wie im französichen „**feuill**eton": h**ui**s, **ui**tchecken.

Die v-f- und z-s-Regel

Die stimmhaften Konsonanten v und z werden am Wortende sowie vor Konsonanten zum stimmlosen f und s:

ge**v**en – ik gee**f**, jij gee**f**t	geben – ich gebe, du gibst
blij**v**en – ik blij**f**, hij blij**f**t	bleiben – ich bleibe, er bleibt
le**z**en – ik lee**s**, zij lee**s**t	lesen – ich lese, sie liest
rei**z**en – ik rei**s**, u rei**s**t	reisen – ich reise, Sie reisen

Hauptwörter (Substantive)

Geschlecht und Geschlechtswörter (Artikel)

Das Niederländische kennt nur zwei grammatische Geschlechter: männlich/weiblich und sächlich. Demzufolge gibt es auch nur zwei bestimmte Artikel: de für männliche und weibliche Wörter und het für sächliche Wörter. Daher spricht man von de-woorden und het-woorden. Der unbestimmte Artikel ist für beide Wortgruppen gleich: een. In der Mehrzahl ist der bestimmte Artikel für alle Wörter de. Einen unbestimmten Artikel gibt es in der Mehrzahl nicht. Es ist leider nicht so, dass das Geschlecht der niederländischen Wörter immer mit dem der deutschen übereinstimmt.

	Einzahl			Mehrzahl		
	de-woorden		het-woorden	de-woorden		het-woorden
	männlich	weiblich	sächlich	männlich	weiblich	sächlich
bestimmt	**de** man der Mann	**de** vrouw die Frau	**het** boek das Buch	**de** mannen die Männer	**de** vrouwen die Frauen	**de** boeken die Bücher
unbestimmt	**een** man ein Mann	**een** vrouw eine Frau	**een** boek ein Buch	– mannen – Männer	– vrouwen – Frauen	– boeken – Bücher

Anders als im Deutschen werden Artikel und Hauptwörter im Niederländischen nicht gebeugt, sie bleiben unverändert, unabhängig von ihrer Position im Satz:

Ik zie **de** ventilator. **De** ventilator werkt.	Ich sehe **den** Ventilator. **Der** Ventilator funktioniert.
Zie je **de** man? Is met **de** man alles OK?	Siehst du **den** Mann? Ist mit **dem** Mann alles O.K.?
Kan ik nog **een** stoel hebben? **Een** stoel is praktisch.	Kann ich noch **einen** Stuhl haben? **Ein** Stuhl ist praktisch.

Dasselbe gilt für die Verneinung (geen) des unbestimmten Artikels:

Er is **geen** handdoek. Er zijn **geen** handdoeken.	Es gibt **kein** Handtuch. Es gibt **keine** Handtücher.

Mehrzahl

Die Mehrzahlbildung ist nicht sonderlich kompliziert.

- Die meisten Hauptwörter bilden die Mehrzahl durch Anhängen von -en:
  nacht → nacht**en** — Nacht → Nächte
  student → student**en** — Student → Studenten
  Manchmal gibt es hier Rechtschreibregeln zu beachten, z. B. Einzelbuchstabe wird zu Doppelbuchstabe:
  ster → ster**ren** — Stern → Sterne
- Wenn ein Wort auf eine Silbe endet, die ein stummes -e enthält, wird die Mehrzahl mit -s gebildet:
  kamer → kamer**s** — Zimmer → Zimmer
  nummer → nummer**s** — Nummer → Nummern

- Hauptwörter, die auf einen Vokal enden, bilden die Mehrzahl mit Apostroph und s:

  disco → disco's — Disko → Diskos
  taxi → taxi's — Taxi → Taxis

  Wenn dieser Vokal jedoch einen Akzent hat oder ein stummes -e ist, wird das -s der Mehrzahl direkt an den Vokal angehängt:

  café → cafés — Kneipe → Kneipen
  suite → suites — Suite → Suiten

Verkleinerungswörter (Diminutive)

Im Niederländischen liebt man es, alles Mögliche zu verkleinern. Die Verkleinerung wird oft verwendet, um etwas als nett oder gemütlich zu kennzeichnen. Der Artikel ist immer het.

- In der Regel (bei Wörtern, die auf l, n, r, w enden) wird die Verkleinerung mit -tje gebildet:

  de tafel → het tafel**tje** — der Tisch → das Tischchen
  het plein → het plein**tje** — der Platz → das Plätzchen
  het uur → het uur**tje** — die Stunde → das Stündchen
  de vrouw → het vrouw**tje** — die Frau → das Frauchen

  Achtung: Wenn ein kurzer, betonter Vokal vorangeht, wird das -tje zu -etje verlängert und der Konsonant verdoppelt:

  het hotel → het hotel**letje** — das Hotel → das Hotelchen
  het plan → het plan**netje** — der Plan → das Plänchen

- Wenn das Wort auf p, t, k, d oder s endet, bekommt es in der Verkleinerung die Endung -je:

  de kop → het kop**je** — die Tasse → das Tässchen
  de fout → het fout**je** — der Fehler → das Fehlerchen
  de rok → het rok**je** — der Rock → das Röckchen
  het brood → het brood**je** — das Brot → das Brötchen
  het mes → het mes**je** — das Messer → das Messerchen

- Wenn das Wort auf m endet, wird die Endung -pje angehängt:

  de boom → het boom**pje** — der Baum → das Bäumchen
  de film → het film**pje** — der Film → das Filmchen

Eigenschaftswörter (Adjektive)

Beugung

- Wenn ein Eigenschaftswort allein, d. h. ohne Hauptwort steht, bleibt es wie im Deutschen unverändert:

  De brug is **klein**. — Die Brücke ist klein.

- Wenn es hingegen vor einem Hauptwort steht, bekommt es die Endung -e:

  de **kleine** brug — die kleine Brücke

  Achtung: Von dieser Regel gibt es eine Ausnahme. Wenn das Hauptwort sächlich ist (= het-woord) und der unbestimmte Artikel een oder geen (kein) vorausgeht, ändert sich das Eigenschaftswort nicht:

  een **klein** broodje — ein kleines Brötchen
  geen **groot** ontbijt — kein großes Frühstück

- Auch in der Mehrzahl wird nur -e angefügt:

  de **kleine** bruggen — die kleinen Brücken

  Achten Sie beim Anfügen der Endung -e auf die Rechtschreibregeln:
  de kamer is **groot** (das Zimmer ist groß) → de **grote** kamer (das große Zimmer)

- **Steigerungsstufen**
- Die erste Steigerungsform von Eigenschaftswörtern bildet man in der Regel, indem man die Endung -er anhängt:

  gezellig → gezellig**er** gemütlich → gemütlicher
  duurzaam → duurzam**er** nachhaltig → nachhaltiger

  Und wie im Deutschen gibt es auch einige unregelmäßige Formen:

  graag → **liever** gern → lieber
  goed → **beter** gut → besser
  veel → **meer** viel → mehr
  weinig → **minder** wenig → weniger
- Die zweite Steigerungsform (am größten) bildet man mit der Endung -st und het:

  groot – groter – **het** groot**st** groß – größer – am größten
  klein – kleiner – **het** klein**st** klein – kleiner – am kleinsten
  goed – beter – **het** best gut – besser – am besten

Vergleichswörter

- Ungleiche Personen oder Dinge → erste Steigerungsform + dan:

  Katrien is ouder **dan** Inge. Katrien ist älter **als** Inge.
- Gleiche Personen oder Dinge → even/net zo + Eigenschaftswort + als:

  Mijn vader is **even** groot **als** ik. Mein Vater ist **genauso** groß **wie** ich.
  Katrien is **net zo** oud **als** Inge. Katrien ist **genauso** alt **wie** Inge.

Fürwörter (Pronomen)

Persönliche Fürwörter (Personalpronomen)

		Subjekt			Objekt		
	Person	**betont**	**unbetont**		**betont**	**unbetont**	
Einzahl	1.	ik		ich	mij	me	mich / mir
	2.	jij	je	du	jou	je	dich / dir
		u		Sie	u		Sie / Ihnen
	3.	hij		er	hem		ihn / ihm
		zij	ze	sie	haar / VL ze		sie / ihr
		het		es	het		es / ihm
Mehrzahl	1.	wij	we	wir	ons		uns
	2.	jullie		ihr	jullie		euch
	3.	zij	we	sie	hen	hun	sie / ihnen

Jij, wij und zij können auch in der unbetonten Variante je, we und ze verwendet werden.

Das Niederländische unterscheidet bei den persönlichen Fürwörtern nicht zwischen Akkusativ und Dativ:

Jan ziet **mij**. Jan sieht **mich**.
Jan geeft **mij** een kaartje. Jan gibt **mir** eine Fahrkarte.

Beim Dativ findet man neben dieser einfachen Grundform auch die Form mit aan:

Jan geeft een kaartje **aan mij**. Jan gibt **mir** eine Fahrkarte.

Zugehörigkeit wird mit van umschrieben:

Het kaartje is **van mij**. Die Fahrkarte **gehört mir**.

Besitzanzeigende Fürwörter (Possessivpronomen)

Die besitzanzeigenden Fürwörter werden nicht wie im Deutschen wie Eigenschaftswörter behandelt. Außer in der 1. Person Mehrzahl (onze / ons) sind sie unveränderlich.

	Person	Possessivpronomen betont	unbetont	
Einzahl	1.	mijn		mein / meine
	2.	jouw	je	dein / deine
		uw		Ihr / Ihre
	3.	zijn		sein / seine
		haar		ihr / ihre
		zijn		sein / seine
Mehrzahl	1.	onze / ons[1]		unser / unsere
	2.	jullie	je	euer / eure
	3.	hun		ihr / ihre

[1] Vor de-woorden wird onze verwendet. Vor het-woorden in der Einzahl steht ons, in der Mehrzahl verwendet man aber auch hier onze:

Dat is **onze** dochter.	Das ist unsere Tochter.
Dat is **ons** kind.	Das ist unser Kind.
Dat zijn **onze** kinderen.	Das sind unsere Kinder.

Hinweisende Fürwörter (Demonstrativpronomen)

Die wichtigsten vier hinweisenden Fürwörter sind: deze, dit, die und dat. Um auf eine Person oder Sache in der Nähe des Sprechers zu verweisen, benutzt man für de-woorden **deze** und für het-woorden **dit**. Ist die Sache/Person weiter entfernt, benutzt man für de-woorden **die** und für het-woorden **dat**.

Ik neem **deze** ansichtkaart.	Ich nehme diese Postkarte.
Ik neem **dit** tijdschrift.	Ich nehme diese Zeitschrift.
Kunt u me **die** krant geven?	Können Sie mir diese Zeitung (da/dort) geben?
Kunt u me **dat** pakket geven?	Können Sie mir dieses Paket (da/dort) geben?

In der Mehrzahl unterscheidet man nicht zwischen de- und het-woorden, sondern benutzt für alle nahen Sachen/Personen deze und für weiter entfernte die.

Wat kosten **deze** postzegels?	Was kosten diese Briefmarken?
Wat kosten **die** enveloppen?	Was kosten diese Umschläge (da/dort)?

	Einzahl		Mehrzahl	
	de-woorden	het-woorden	de-woorden	het-woorden
hier	**deze** jas	**dit** hemd	**deze** jassen	**deze** hemden
	diese Jacke	dieses Hemd	diese Jacken	diese Hemden
daar	**die** jas	**dat** hemd	**die** jassen	**die** hemden
	diese Jacke (da/dort)	dieses Hemd (da/dort)	diese Jacken (da/dort)	diese Hemden (da/dort)

Fragewörter

Die wichtigsten Fragewörter sind:

hoe?	wie?	wanneer?	wann?
hoeveel?	wie viel/e?	waar?	wo?
wie?	wer?	waar ... heen/naartoe?	wohin?
wat?	was?	waar ... vandaan?	woher?

Tätigkeitswörter (Verben)

sein und haben

	Person		zijn sein	hebben haben
Einzahl	1.	ik	ben	heb
	2.	jij / je	bent	hebt
		u	bent	hebt / heeft
	3.	hij	is	heeft
		zij / ze	is	heeft
		het	is	heeft
Mehrzahl	1.	wij / we	zijn	hebben
	2.	jullie	zijn	hebben
	3.	zij / ze	zijn	hebben

Ausgangsform (Stamm)

Das Wichtigste bei der Bildung der Verbformen ist der sogenannte Stamm. Dieser wird gebildet, indem man bei der Grundform (Infinitiv) die Endung -en streicht: helpen → help. Bei einigen Verben sind dabei die Rechtschreibregeln zu beachten, wie z. B. bei reserveren. Wenn man bei der Grundform die Endung -en streicht, erhält man reserver. Da das -e in der letzten Silbe jedoch lang gesprochen wird, muss man es verdoppeln, da es in einer geschlossenen Silbe steht: reserv**ee**r. In der Grundform wird das lange -e nur einzeln geschrieben, da es in einer offenen Silbe steht (reserve-ren).

Präsens (Gegenwart)

Nachdem Sie jetzt wissen, wie der Stamm gebildet wird, können Sie mühelos die meisten niederländischen Verben konjugieren. Die 1. Person Einzahl („ich") im Präsens ist immer mit dem Stamm identisch. In der 2. („du") und 3. Person („er/sie/es") hängen Sie an den Stamm noch ein -t an. Endet der Stamm bereits auf ein -t wird kein zusätzliches -t hinzugefügt: jij heet~~t~~. Die Mehrzahlformen sind immer mit der Grundform identisch.

	Person		werken arbeiten	wandelen spazieren gehen	reserveren reservieren	
Einzahl	1.	ik	werk	wandel	reserveer	= Stamm
	2.	jij / je	werk-t	wandel-t	reserveer-t	= Stamm + -t
		u	werk-t	wandel-t	reserveer-t	= Stamm + -t
	3.	hij	werk-t	wandel-t	reserveer-t	= Stamm + -t
		zij / ze	werk-t	wandel-t	reserveer-t	= Stamm + -t
		het	werk-t	wandel-t	reserveer-t	= Stamm + -t
Mehrzahl	1.	wij / we	werken	wandelen	reserveren	= Grundform
	2.	jullie	werken	wandelen	reserveren	= Grundform
	3.	zij / ze	werken	wandelen	reserveren	= Grundform

Vorsicht bei Fragesätzen in der 2. Person Einzahl!
Bei u sagt man: u komt → komt u?
Aber bei jij (oder dem unbetonten je) sagt man: jij komt → **kom jij?**

Wenn das Subjekt jij/je also hinter dem Verb steht, **fällt das -t weg**.
u bent → bent u? vs. jij bent → **ben jij?**
u werkt → werkt u? vs. jij werkt → **werk jij?**

Wenn allerdings der Stamm bereits auf ein -t endet, bleibt dieses in der jij/je-Form erhalten:
u heet → heet u? vs. jij heet → **heet jij?**

Modalverben

	Person		**moeten** müssen	**mogen** dürfen	**kunnen** können	**willen** wollen	**zullen** werden
Einzahl	1.	ik	moet	mag	kan	wil	zal
	2.	jij / je	moet	mag	kan / kunt	wil / wilt	zal / zult
		u	moet	mag	kan / kunt	wil / wilt	zal / zult
	3.	hij	moet	mag	kan	wil	zal
		zij / ze	moet	mag	kan	wil	zal
		het	moet	mag	kan	wil	zal
Mehrzahl	1.	wij / we	moeten	mogen	kunnen	willen	zullen
	2.	jullie	moeten	mogen	kunnen	willen	zullen
	3.	zij / ze	moeten	mogen	kunnen	willen	zullen

Perfekt (zusammengesetzte Vergangenheit)

Regelmäßige Verben
Das Perfekt wird wie im Deutschen mit hebben/zijn + Partizip gebildet. Die meisten Verben bilden ihr Partizip folgendermaßen: ge- + Verbstamm + -t/d, z. B. gemaakt (gemacht), gewandeld (spazieren gegangen / gelaufen). Um zu wissen, wann man t oder d verwendet, hilft die Eselsbrücke 't kofschip. Kommt der letzte Buchstabe vor der Grundform-Endung in 't kofschip vor (also t, k, f, s, ch oder p), wird t verwendet. Wenn nicht, gebraucht man d.

intoetsen → ik heb ingetoets**t**	eingeben → ich habe eingegeben
boeken → ik heb geboek**t**	buchen → ich habe gebucht
pinnen → ik heb gepin**d**	Geld abheben → ich habe Geld abgehoben
reserveren → ik heb gereserveer**d**	reservieren → ich habe reserviert

Achtung: Endet der Stamm bereits auf -t oder -d, wird beim Partizip keine weitere Endung hinzugefügt:

wachten → ik heb gewach**t**	warten → ich habe gewartet
redden → ik heb gere**d**	retten → ich habe gerettet

Verben der Bewegung bilden ihr Perfekt in der Regel mit zijn. Wenn Sie sich am Deutschen orientieren, liegen Sie meist richtig:

fietsen → Ik **ben** naar het strand gefietst.	radeln → Ich bin zum Strand geradelt.
wandelen → Ik **ben** naar huis gewandeld.	spazieren gehen / laufen → Ich bin nach Hause gelaufen.

Wenn nicht das Ziel, sondern die Bewegung selbst im Vordergrund steht, wird hebben verwendet:

fietsen → Ik **heb** de hele dag gefietst.	Ich bin den ganzen Tag geradelt.
wandelen → Ik **heb** een uur op het strand gewandeld.	Ich bin eine Stunde am Strand spazieren gegangen.

Unregelmäßige Verben

Viele Verben haben unregelmäßige Vergangenheitsformen. Leider gibt es für diese Verben keine Eselsbrücke, sondern man muss die Formen auswendig lernen. Eine kleine Hilfe ist die folgende Tabelle*, die unregelmäßige Verben nach ihren unterschiedlichen Stammvokalen in sieben Gruppen einteilt:

1. a – ie – a

vallen	viel / vielen	gevallen	fallen
slapen	sliep / sliepen	geslapen	schlafen
laten	liet / lieten	gelaten	lassen

2. a – oe – a

dragen	droeg / droegen	gedragen	tragen
graven	groef / groeven	gegraven	graben
varen	voer / voeren	gevaren	fahren (*auf dem Wasser*)

3. ij – ee – e

kijken	keek / keken	gekeken	gucken
schrijven	schreef / schreven	geschreven	schreiben
rijden	reed / reden	gereden	fahren
krijgen	kreeg / kregen	gekregen	bekommen

4. e/i – o – o

zwellen	zwol / zwollen	gezwollen	schwellen
trekken	trok / trokken	getrokken	ziehen
drinken	dronk / dronken	gedronken	trinken
vinden	vond / vonden	gevonden	finden

5. e/i – a – e

geven	gaf / gaven	gegeven	geben
eten	at / aten	gegeten	essen
zitten	zat / zaten	gezeten	sitzen
liggen	lag / lagen	gelegen	liegen

6. e – a – o

nemen	nam / namen	genomen	nehmen
steken	stak / staken	gestoken	stechen
spreken	sprak / spraken	gesproken	sprechen
bevelen	beval / bevalen	bevolen	befehlen

7. ie/ui/e – oo – o

vliegen	vloog / vlogen	gevlogen	fliegen
ruiken	rook / roken	geroken	riechen
bewegen	bewoog / bewogen	bewogen	bewegen

* Die zweite Spalte der Tabelle enthält Formen des Imperfekt, das in diesem Sprachkurs nicht weiter vertieft wird.

Futur (Zukunft)

Zukünftige Handlungen werden mit dem Modalverb zullen (siehe oben) + Grundform ausgedrückt:

Ik **zal** je volgende week **bellen**.	Ich werde dich nächste Woche anrufen.
Wij **zullen** er met je verjaardag bij **zijn**.	Wir werden an deinem Geburtstag dabei sein.

Die gleiche Konstruktion kann in Fragesätzen auch dazu verwendet werden, einen Vorschlag zu machen:

Zullen we samen **lunchen**?	Wollen wir zusammen Mittag essen?

Imperativ (Befehlsform)

- Die Befehlsform entspricht dem Stamm des Verbs, d. h. der 1. Person Singular:

klikken → ik klik → **Klik** op die knop!	Klicke auf den Button!
wachten → ik wacht → **Wacht** even!	Warte kurz!
beginnen → ik begin → **Begin** te eten!	Fange an zu essen!
proberen → ik probeer → **Probeer** het zelf!	Versuche es selber!

- Für die Höflichkeitsform verwendet man den Stamm + -t + Fürwort u:

Steekt u de straat over.	Überqueren Sie die Straße.

- Der Imperativ des Verbs zijn ist unregelmäßig:

Wees stil!	Sei still!
Weest u niet bang!	Keine Angst! (*Wörtlich:* Seien Sie nicht ängstlich!)

Konditional

Mit dem Konditional bringt man eine Bitte oder einen Wunsch auf besonders höfliche Weise zum Ausdruck. Er wird im Niederländischen mit zou + Grundform gebildet:

Zou u mij ... kunnen geven?	Könnten Sie mir ... geben?

Der Plural wird mit zouden gebildet:

Wij **zouden** graag postzegels (willen) kopen.	Wir möchten gern Briefmarken kaufen.

Der Konditional wird auch für Vorgänge, die nicht real, sondern nur möglich sind, verwendet:

Volgende week **zou** het gaan regenen.	Nächste Woche soll es regnen.

Deutsche Übersetzung der Landeskundetexte

Lektion 1

DU UND SIE

Wussten Sie schon?
Im Niederländischen wird *u* und *jij/je* wie im Deutschen „Sie" und „du" verwendet. Im Allgemeinen werden ältere und unbekannte Personen mit *u* angesprochen (*u zeggen*). Personen, die ungefähr gleich alt sind, oder junge Leute werden mit *jij/je* angesprochen (*jij zeggen*). Die Tendenz geht im Niederländischen immer mehr in Richtung des informellen *jij/je*. Kollegen sprechen einander mit *jij/je* an, aber auch der Chef oder Direktor wird oft mit *jij/je* angesprochen. Im Kundenkontakt oder in ähnlichen Situationen verwendet man lieber zuerst *u*. Meistens dauert es nicht lange, bis man sich mit dem informelleren *jij/je* anspricht. In Belgien hört man in der gesprochenen Sprache oft *gij*, das aber in den Niederlanden nicht verwendet wird. Dort hört sich *gij* sehr altmodisch an.

Begrüßungszeremonien
Unter Unbekannten ist es auch in den Niederlanden und in Belgien üblich, sich die Hand zu geben (*een hand geven*). Bekannten, Verwandten und Freunden gibt man einen Kuss auf die Wange. Diesen Kuss geben sich Männer und Frauen oder Frauen und Frauen; Männer küssen andere Männer in den Niederlanden oder in Flandern im Allgemeinen nicht, sondern geben sich die Hand und umarmen sich mit dem freien Arm.

AUF IN DIE NIEDERLANDE UND NACH BELGIEN!

Vorneweg
Gratulation! Sie haben die erste Lektion dieses Kurses erfolgreich abgeschlossen. Es dauert nicht mehr lange und Sie sind, was Niederländisch betrifft, fit für einen Aufenthalt in den Niederlanden oder in Belgien. Ob Sie eines dieser beiden Nachbarländer als Kultur- oder als Nordseetourist besuchen, Ihre Niederländischkenntnisse können Sie von *Oostende* bis *Groningen* anwenden. Es gibt zahllose Möglichkeiten, eine unvergessliche Zeit zu verbringen. Die ehemalige Handelsgroßmacht des 17. Jahrhunderts hat überall Spuren aus dieser goldenen Zeit hinterlassen, aber auch die Gegenwart bietet viel. Klein, aber fein! Wo auch immer Sie in den Niederlanden oder in Belgien unterwegs sind, mit Ihren Grundkenntnissen der niederländischen Sprache wird Ihr Aufenthalt ein Erfolg! Und wollen Sie weiter als in die Niederlande oder nach Belgien reisen, können Sie Ihr Niederländisch auch in *Suriname* (Südamerika) und in der Karibik anwenden. Die Inseln *Bonaire*, *Sint Eustatius*, *Curaçao* und *Sint Marten* sind nämlich Teil des niederländischen Sprachraums. Und auch das in Südafrika gesprochene Afrikaans basiert auf dem Niederländischen. Afrikaans ist eine eigene Sprache, aber wenn man Niederländisch spricht, kann man es sehr gut verstehen.

Lektion 2

FAMILIE

Wussten Sie schon?
Im Niederländischen gibt es zwei Wörter für „Familie": das erste Wort, *het gezin*, verwendet man für Eltern und ihre Kinder, das zweite Wort, *de familie*, umfasst auch Großeltern, Enkelkinder, Tanten, Onkel, Cousinen, Cousins usw. Es gibt kein Wort für Geschwister, man sagt einfach *broer(s) en zus(sen)*.

(groot)ouders	(Groß-)Eltern
(groot)vader	(Groß-)Vater
(groot)moeder	(Groß-)Mutter
(klein)kind	(Enkel-)Kind
zoon	Sohn
dochter	Tochter
broer	Bruder
zus	Schwester
oom	Onkel
tante	Tante
neef	Neffe/Cousin
nicht	Nichte/Cousine

Die berühmteste niederländische Familie ist natürlich die königliche Familie. König Willem Alexander ist zwar nur zu einem kleinen Teil niederländischen Blutes, da seine Vorfahren zum Teil Deutsche oder auch Russen waren. Aber das macht nichts, die Niederländer lieben ihr Königshaus. Am 27. April feiern sie *Koningsdag*, ein nationaler Feiertag. Falls der 27. April auf einen Sonntag fällt, wird der *Koningsdag* an einem anderen Tag gefeiert. Am *Koningsdag* werden die Niederlande komplett orange. Die Farbe orange kommt vom Namen des Prinzen *Willem van Oranje*, der im 16. Jahrhundert regierte. Die Belgier sind zurückhaltender in ihrer Beziehung zu ihrem Königshaus.

AMSTERDAM – DAS VENEDIG DES NORDENS

Nicht verpassen! – Sehenswertes

Ein Viertel, das in *Amsterdam* heutzutage immer beliebter wird, ist *Overhoeks* hinter dem Hauptbahnhof (*Centraal Station*). Das Viertel am *IJ* war das Gebiet, wo Royal Dutch Shell 1965 Bürogebäude baute. Der *Overhoeks*-Turm ist eine der Ikonen der Amsterdamer Skyline. Er heißt *Overhoeks* wegen seiner diagonalen (*overhoekse*) Position zum *IJ*. In *Overhoeks* findet man das moderne, weiße Filminstitut *EYE*, den *A'dam*-Turm und den *Tolhuisgarten* (ein Restaurant). Es kommen noch mehr Türme und Wohngebäude dazu und es entsteht auch ein großes Hotel mit Konferenzzentrum. Die Grasfläche neben dem Filminstitut (*Overhoekspark*) entwickelt sich durch die fantastische Aussicht auf den *IJ* zu einem der beliebtesten Picknickplätze von *Amsterdam*. Man kommt dort ganz einfach kostenlos mit dem Boot (*Buiksloterwegveer*) hin. Dieses Boot bringt Sie in ein paar Minuten nach *Overhoeks* und fährt Tag und Nacht hin und her.

Guten Appetit! – Regionale Spezialitäten

In *Amsterdam* kann man sehr international essen. Vor allem das Essen der ehemaligen niederländischen Kolonien ist beliebt, z. B. Indonesisch. Möchten Sie ein niederländisches Gericht probieren, dann können Sie *snert* essen: eine sehr dicke Erbsensuppe mit Schweinefleisch, Kartoffeln, Sellerie, Zwiebeln, Lauch und Wurst. Vergessen Sie nicht, den beliebtesten Snack der Niederländer zu kosten: *bitterballen* (frittierte Fleischbällchen). Oder auch *stamppot* (herzhaftes Gericht mit gestampften Kartoffeln und Gemüse), *poffertjes* (kleine Pfannkuchen) oder *stroopwafels* (Honigwaffeln). Und trinken Sie zum Abschluss einen leckeren *jenever* (Wacholderbranntwein). Prost!

Geheimtipps

Jeder weiß, dass eine Rundfahrt durch die Grachten zu einem *Amsterdam*-Besuch gehört. Man kann dafür bei einer der Firmen, die touristische Bootsrundfahrten anbieten, ein Ticket kaufen. Aber es geht auch viel spannender: Mieten Sie eines der vielen Tretboote und machen Sie damit Ihre Grachtenrundfahrt zu einem ganz besonderen und sportlichen Erlebnis! Man kann an verschiedenen Stellen ein Tretboot mieten: am *Rijksmuseum*, am *Anne-Frank-Huis*, am *Leidseplein* und an der Ecke *Keizergracht* und *Leidsestraat*.

VERKEHRSMITTEL

Wussten Sie schon?

In einigen Bahnhöfen in den Niederlanden (z. B. *Rotterdam*, *Arnhem* und *Den Haag*) haben die *Nederlandse Spoorwegen (NS)* sogenannte *StationsHuiskamers* („Bahnhofswohnzimmer“) als Warteraum eingerichtet. Hier kann man gemütlich mit einer leckeren Tasse Kaffee auf einer bequemen Couch oder an einem großen Tisch mit Stühlen sitzen und auf den Zug warten. Es gibt dort kostenloses WLAN und viele Steckdosen und Möglichkeiten, Handys und Notebooks aufzuladen.

Mit dem Rad!

Man muss ja nicht immer mit Zug, Bus oder Auto unterwegs sein ... Die Niederlande und die Region Flandern in Belgien sind ein Paradies für Radfahrer. Man findet dort ein gut ausgebautes Netz mit Fahrradwegen und idyllische Landschaften sorgen für entspannte Fahrradstunden. Man kann dort viel sehen und erleben: charmante Dörfchen und historische Städte, Strände und Naturschutzgebiete sowie Burgen und Schlösser.

Vor allem an der Küste und in der schönen Provinz *Limburg* ist es ideal für Radtouristen.

- Die Küste bietet viele Möglichkeiten für längere oder kürzere Radtouren. Die Wege sind meistens flach und führen durch ruhige Polderlandschaften und entlang beliebter Strandpromenaden. Und vergessen Sie nicht, durch die Dünen mit ihrer typischen Flora und Fauna zu radeln.
- In *Limburg* radelt man durch Obstgärten oder an Industriegebäuden aus der Bergbau-Vergangenheit vorbei. Die Region bietet sanfte Hügel, Wälder und Heidelandschaften. Wer lieber auf flachen Wegen radelt, wählt eine Route entlang dem Fluss *Maas*. Prächtige Schlösser, romantische Bauernhöfe und zahllose Cafés laden zu einer Pause ein. Und wenn Sie mit Kindern unterwegs sind, mieten Sie mal ein *bakfiets* (Lieferfahrrad).

ANTWERPEN – HAFEN-, KUNST- UND MODESTADT

Nicht verpassen! – Sehenswertes

Antwerpen ist die größte Stadt Belgiens und liegt ungefähr 15 Kilometer von der niederländischen Grenze entfernt. Der Hafen von *Antwerpen* ist nach *Rotterdam* der größte von Europa und gehört zu den 20 größten Häfen der Welt. *Antwerpen* war wichtig für die Kunst des 17. Jahrhunderts mit Malern wie Rubens, Van Dyck oder Jordaens. Viele Sehenswürdigkeiten stammen aus dieser Zeit, z. B. das *Rubenshuis* oder das *Rockoxhuis*.

Wussten Sie, dass der älteste Wolkenkratzer von Europa in *Antwerpen* steht? *De Boerentoren* („Bauernturm“), 26 Stockwerke hoch, gebaut im Jahr 1932, ist nach der Liebfrauenkathedrale immer noch das höchste Gebäude der Stadt.

Guten Appetit! – Regionale Spezialitäten

Eines der bekanntesten Produkte der Stadt sind die *Antwerpse Handjes* („Antwerpener Händchen“), schmackhafte Kekse aus Mürbeteig mit Mandeln oder Milchschokolade. In einer Legende wird erzählt, dass der Riese Antigoon die Hände der Fischer abhackte, die den Zoll für den Fluss Schelde nicht zahlen wollten. Der Riese wird von dem jungen Helden Brabo umgebracht. Brabo hackte die Hand des Riesen ab und warf sie in die Schelde. Der Name *Antwerpen* stammt von dem niederländsichen *hand werpen* („Hand werfen“).

Wenn man in *Antwerpen* ist, sollte man natürlich ein *bolleke* (das berühmte *De Konick*-Bier) trinken. Auf einer der gemütlichen Terrassen des *Grote Markt* schmeckt das Bier am besten.

Geheimtipps
Die Stadt hat einen Kultstatus in der Modebranche, dank der Königlichen Akademie der Schönen Künste, einer der wichtigsten Modeakademien der Welt. Hier haben viele international erfolgreiche Modedesigner studiert. Und wenn Sie nichts in den vielen Modegeschäften gefunden haben, können Sie immer noch zum berühmten Diamantenviertel in der Nähe vom Hauptbahnhof gehen.

Lektion 4

TOURISMUS IN DEN NIEDERLANDEN UND IN BELGIEN

Wussten Sie schon?
Mai und Juni sind die besten Monate für eine Reise in die Niederlande oder nach Belgien. Das Wetter ist oft schon prima und abgesehen vom Wochenende nach Himmelfahrt und an Pfingsten ist nicht so viel los. In der Hauptsaison kann es manchmal schwierig sein, eine Unterkunft zu finden. Also: früh genug buchen! Man kann wählen zwischen Hotel, Bed & Breakfast (einfaches, oft familiengeführtes Hotel), Camping, Jugendherberge, Pension und Ferien auf dem Bauernhof.

Aber wohin?
Wer nicht genau weiß, wohin er in den Niederlanden oder in Belgien reisen soll, dem hilft vielleicht der *Groene Vakantiegids*. In diesem Reiseführer findet man viele ökologische Ferienorte. Auch etwas für Sie? Mehr Informationen unter http://www.groenevakantiegids.nl/

Reservierungen
In den meisten Hotels und Pensionen kann man im Voraus per E-Mail reservieren. Hier eine Standard-Mail für so eine Reservierung:

> Sehr geehrte Damen und Herren,
>
> ich möchte gern ein Doppelzimmer mit Halbpension vom 25. August bis zum 2. September buchen, wenn möglich mit Blick auf den Garten.
> Herzlichen Dank im Voraus für Ihre Antwort.
>
> Mit freundlichen Grüßen
>
> Vorname, Name

BRUGGE – STADT DER KANÄLE

Nicht verpassen! – Sehenswertes
Mehr als 6 Millionen Touristen besuchen durchschnittlich pro Jahr *Brugge*. Das mittelalterliche Städtchen im Nordwesten Belgiens hat selbst kaum mehr als 118.000 Einwohner. Sechs Millionen Besucher sind dann schon sehr viel! Man begegnet dort also auch vielen Menschenmassen. Aber es gibt auch noch ruhige Plätzchen in *Brugge*, wie zum Beispiel das *Gezellekwartier* oder der *Begijnhof*. Auch der *Brugse Vesten*, der grüne Gürtel, der parallel zu den früheren Stadmauern um die historische Stadt verläuft, bietet etwas mehr Ruhe.

Guten Appetit! – Regionale Spezialitäten
Brugge ist weltberühmt für seine Biere. Die bekanntesten sind *Brugse* Zot und *Straffe Hendrik*. Früher gab es viele Brauereien in der Stadt, von denen nur *De Halve Maan* übriggeblieben ist. Zu einem frischen Bier schmeckt am besten ein Stück Käse aus westflämischer Milch: *Oud Brugge* oder *Rodenbach* sind nur einige Beispiele. Großen Hunger? Dann probieren Sie mal Kaninchen mit Pflaumen, das traditionell mit Bier zubereitet wird.

Geheimtipps
Eine tolle Idee für den Start Ihrer *Brugge*-Tour ist das *Historium*. Man bekommt hier eine interaktive Einführung in das goldene Jahrhundert der Stadt von einem Malerlehrling, der Sie auf den Weg durch das mittelalterliche Leben in der Stadt mitnimmt. Genießen Sie danach zur Entspannung eine kleine Bierprobe im Turmcafé. Man hat hier eine atemberaubende Aussicht auf den Marktplatz. *Brugge* ist übrigens nur ein Viertelstündchen mit dem Zug von der Nordsee entfernt, ideal also, um eine Stadtbesichtigung mit einem Nachmittag am Strand von *Oostende* zu kombinieren.

Lektion 5

UNTERKUNFT

Wussten Sie schon?
In den großen Städten können die Zimmerpreise sehr hoch sein. In kleineren Städten und auf dem Land findet man sehr sympathische und unkonventionelle Unterkünfte, oft von Familien geführt. Eine gute Möglichkeit, um in kurzer Zeit das „echte" Leben in den Niederlanden oder in Belgien kennenzulernen.

Alternativer Urlaub?
Leider sind in manchen Touristenorten, vor allem entlang der Nordseeküste, viele Hotels nicht mehr als Betonklötze, die in den 60er und 70er Jahren schnell gebaut wurden, um der steigenden Nachfrage von Touristen gerecht zu werden. Seit ein paar Jahren gibt es aber eine Entwicklung in Richtung alternativem Tourismus. Es werden zum Beispiel Bauernhöfe zu *vakantieboerderijen* („Urlaubsbauernhöfe") umgebaut. Wer hingegen mehr Besinnung sucht, kann in einem Kloster übernachten.

Camping
Die Niederländer sind die Könige des Campingurlaubs. Auch im eigenen Land verreisen sie gern mit Zelt, Wohnwagen oder Wohnmobil. Vor allem in der Hochsaison ist oft jeder Meter des Campingplatzes besetzt. Übrigens: wildes Campen ist nicht zu empfehlen und ist vielerorts auch strafbar.

ZEELAND – SPASS FÜR JUNG UND ALT

Nicht verpassen! – Sehenswertes
Zeeland, das Land im Meer, gilt als eine der beeindruckendsten Provinzen der Niederlande. Es besteht aus zwei Inseln und vier Halbinseln, wodurch es eine sehr lange Küstenlinie gibt. Nach den Überschwemmungen von 1953 wurden hier die Deltawerke gebaut, das berühmte System, das *Zeeland* gegen Überschwemmungen und Sturmfluten schützt.
Zeeland spielte im 17. und 18. Jahrhundert eine wichtige Rolle und hat deswegen jetzt viele historische Städte. *Middelburg*, *Veere* und *Zierikzee* zeigen die reiche Vergangenheit, in der die zeeländische nach der *Amsterdamer* Handelskammer die wichtigste Rolle spielte.

Guten Appetit! – Regionale Spezialitäten
Miesmuscheln, Austern und Krabben, aber auch schwarze Johannisbeeren und Spargel: *Zeeland* ist ein Paradies für Feinschmecker. Das Meer, die Felder, Polder und Obstgärten sind voll von natürlichen und geschmackvollen Produkten. Wer in *Zeeland* in einem Restaurant essen geht, entdeckt zahllose

Delikatessen. In den vielen Muschelrestaurants stehen große dampfende Töpfe mit Muscheln auf dem Tisch. Oder ein anderes typisches Gericht: Spargel mit Schinken und Ei. Eine Gebäckspezialität, die Sie auf jeden Fall mal probieren sollten, ist der *bolus* („Hefeschnecke"). Ein echter zeeländischer *bolus* wird frisch mit einem ordentlichen Stück zeeländischer Butter gegessen. Durst braucht man in *Zeeland* auch nicht zu haben. Äpfel, Birnen, Johannisbeeren und Gerste wachsen hier optimal. Durch das gute zeeländische Klima können hier sogar besondere Traubensorten angebaut werden.

Geheimtipps
Wirklich interessant ist die Hafenstadt *Vlissingen* während des alljährlich im Juli stattfindenden Theaterfestivals *Onderstroom*. Drei Tage lang bekommt man Theater von internationalem Ruf in den Straßen und Musik am Meer geboten. Genießen Sie die originellen Darbietungen vor dem schönsten Hintergrund.

Lektion 6

IN DER KNEIPE

Wussten Sie schon?
Es gibt viele trendige Lounge- und Cocktailbars in den Niederlanden und in Belgien, aber die *bruine cafés* („braune Kneipen") werden wieder beliebter. Ein *bruin café* ist eine altmodische Kneipe mit häuslichem Flair, Gardinchen vor den Fenstern und rustikalen Tischdecken auf den Tischen. Gemütlich! Sie heißen *bruine cafés* wegen der dunklen Möbel, dunklen Wände und Vorhänge, die vom Zigarettenrauch wortwörtlich braun geworden sind. Viele dieser Kneipen sind sehr alt, manche stammen sogar noch vom Anfang des 17. Jahrhunderts. In *Amsterdam* wetteifern mindestens vier dieser Kneipen um den Titel des ältesten *bruin café*.

Jenever!
Eines der beliebtesten Getränke in den *bruine cafés* ist der Jenever (ein traditioneller Schnaps, auf Niederländisch *borrel* genannt). In den Niederlanden nehmen Kneipenbesucher oft ein *kopstootje*: ein Bier und dazu ein Glas Jenever. Es gibt Jenever pur oder in verschiedenen Geschmacksrichtungen, wie z. B. Apfel, Beeren oder Zitrone. Es gibt zwei Hauptkategorien dieses typischen Getränks: junger und alter Jenever. Alter Jenever ist nicht per se alt, was das Alter betrifft, sondern wird mit einer älteren Technik destilliert. Das Ergebnis ist ein süßer, rauchiger Geschmack, vergleichbar mit Whisky. Um Jenever richtig zu trinken, beugt man sich über das kleine, tulpenförmige Gläschen und nippt an der Oberseite, bevor man das Glas nimmt und weitertrinkt. Prost!

Zu jedem Bier sein Glas
Die Regale in den *bruine cafés* sind immer gut gefüllt, nicht nur mit alkoholischen Getränken, sondern auch mit vielen Gläsern. Jede Biersorte wird im passenden Glas serviert. Im richtigen Glas schmeckt es am besten! Jedes Bier ist individuell und braucht für seine Farbe und seinen Schaum einen eigenen Platz. Kräftige und stark aromatisierte Biere trinkt man aus Gläsern mit einem dicken Bauch und einer weiten Öffnung. So kommt der Geschmack am besten zur Geltung. Gläser mit einer Kelchform sind besser geeignet für dunkle Biere, da diese Art Gläser den weichen Bierschaum optimal „transportiert". Anstoßen geht zum Glück mit jedem Glas!

DIE NIEDERLANDE – DAS FISCHPARADIES

Nicht verpassen! – Sehenswertes
Jedes Jahr zwischen Anfang Mai und Ende Juli ist es soweit: Die Schiffe mit dem berühmten *Hollandse Nieuwe* („holländischer Neuer") kommen in den Häfen an. *Hollandse Nieuwe*, das ist der neue Hering, der in dieser Zeit gefangen wird. Nach der Tradition fängt jede Fangsaison mit der Versteigerung des ersten

Heringsfasses, das an Land gebracht wird, an. Das Geld, das mit der Versteigerung eingenommen wird, oft mehrere zehntausend Euro, kommt einem guten Zweck zugute.

Guten Appetit! – Regionale Spezialitäten

Um als *Hollandse Nieuwe* verkauft zu werden, muss der Hering mindestends 16 % Fett haben und darf beim Fang noch nicht geschlechtsreif sein. Außerdem soll der Fisch auf traditionelle Art verarbeitet werden. Der niederländische Hering ist weniger salzig als sein deutscher Bruder. Unmittelbar nach dem Fang muss der Hering 24 Stunden in der Gefriertruhe liegen, um zu vermeiden, dass eventuell parasitäre Heringswürmer überleben. Nach der Saison wird derselbe Fisch *maatjesharing* genannt. Der Hering wird meistens mit kleingehackten rohen Zwiebeln serviert. In *Rotterdam* kann man sogar Heringeis mit Zwiebeln bekommen. Außer *Hollandse Nieuwe* sind auch *lekkerbekjes* und *kibbeling* – panierter und frittierter Kabeljau – wärmstens zu empfehlen. *Kibbeling* kommt von dem zeeländischen Wort *kibbel*, was „Fischkiefer" bedeutet.

Geheimtipps

Der Saisonstart des *Hollandse Nieuwe* wird jedes Jahr in einigen niederländischen Häfen groß gefeiert. Das Fest wird *vlaggetjesdag* genannt, da die Schiffe mit Fähnchen geschmückt werden. Der bekannteste Ort für das Fest ist *Scheveningen*. Dort gibt es in dieser Zeit auch einen gemütlichen Straßenmarkt.

Lektion 7

ESSEN & TRINKEN

Wussten Sie schon?

Der kalvinistische Einfluss auf die niederländische Esskultur ist groß gewesen. Essen muss den Magen füllen, darf nicht zu viel kosten und darf vor allem nicht zu lange von der Arbeit abhalten. Warme Mahlzeiten mit mehreren Gängen sind daher zu Mittag nicht üblich. Es dauert zu lange und man wird davon nur müde. Die Niederländer belassen es meistens bei einem Brötchen mit Käse oder Wurst. Dazu wird ein Glas Milch oder Buttermilch getrunken. Einfach zuzubereiten, einfach mitzunehmen und einfach zu essen!

Pünktlich um sechs steht das Abendessen auf dem Tisch. Die klassische holländische Mahlzeit besteht immer noch aus Kartoffeln, Gemüse und Fleisch. Dabei ist es in den Niederlanden ganz normal, die Nahrung zu *prakken* (mit einer Gabel zu zerkleinern und zu vermischen), was in den meisten Ländern sogar kleinen Kindern nicht gestattet ist.

SPEISEKARTE

Aperitifhäppchen

Gefüllte Eier	Käsewürfel
Portion frittierte Fleischbällchen	Melone mit Schinken

Vorspeisen

Tomate mit grauen Garnelen	Tomatensuppe
Krabbenkrokette	Spargelsuppe
Käsekrokette	Salat mit Ziegenkäse

Hauptspeisen

Fleisch	*Fisch*
Steak	„Aal im Grünen" (in grüner Kräutersauce)
Hackfleischbällchen	Miesmuscheln Natur
Hühnerbrustfilet	Thunfisch

Beilagen

Pommes	Reis
Gedämpftes Gemüse	Kartoffelbrei
Kartoffelkroketten	Gemischter Salat

Nachtische

Vanilleeis	Pudding
Waffel mit Sahne	Sorbet
Apfeltasche	Gemischtes Obst
Beignets	Pfannkuchen mit Zucker

DEN HAAG – STADT HINTER DEN DÜNEN

Nicht verpassen! – Sehenswertes

Die Hauptstadt der Niederlande ist *Amsterdam*, aber regiert wird das Land von *Den Haag* aus, offiziell *'s-Gravenhage* genannt. Die Stadt ist voll von historischen Gebäuden und Denkmälern. Sie bekommen einen guten Überblick während einer Bootsfahrt auf den Kanälen oder auf dem Fahrrad. Planen Sie im Voraus, was Sie besuchen möchten, da die große Auswahl an Museen und Sehenswürdigkeiten die Entscheidung nicht erleichtert. Der nahe gelegene Ferienort *Scheveningen* ist ein Stadtteil von *Den Haag*. In diesem ehemaligen Fischerdorf lässt es sich an warmen Tagen am Boulevard oder am Strand wunderbar aushalten. Kulturbegeisterte können das *Beelden aan Zee*-Museum in den Dünen von *Scheveningen* besuchen. Hier kann man moderne und zeitgenössische internationale Skulpturen bewundern.

Guten Appetit! – Regionale Spezialitäten

Freiherrn Hendrik Hop verdanken wir das *Haagse Hopje*. Dieser Baron hat einmal seine Tasse Kaffee mit Zucker und Sahne auf dem Herd stehen lassen. Am nächsten Tag fand er Karamell in seiner Tasse und das wurde schließlich zum berühmten Bonbon. Eine andere berühmte Süßigkeit sind die *Haagse Ooievaartjes* (Haager Störche). *Den Haag* hat's mit Störchen. So ist ein Storch im Mittelpunkt des Stadtwappens abgebildet, auf einem Bein stehend und mit einem Aal im Schnabel. Oder auf den Pollern gegen Falschparken, auch *Hagenaartjes* genannt. Die leckersten Störche sind aber die *Haagse Ooievaartjes*: dünne, knusprige Butterkekse mit Haselnüssen und Zimt.

Geheimtipps

Der Haager Markt ist mit einer Fläche von drei Fußballfeldern der größte Outdoor-Markt in den Niederlanden. Nach dem Porta-Palazzo-Markt in Turin ist er sogar der größte in Europa. Zwischen der *Hoefkade* und dem *Hobbemaplein* werden an vier Tagen in der Woche Waren aller Art angeboten und ca. 25.000 Besucher pro Tag gezählt. Unweit des Marktes befindet sich die berühmte *Schilderswijk*. Dieser Bezirk ist für seine multikulturellen Geschäfte mit ausländischen Lebensmitteln und anderen exotischen Produkten bekannt. Es gibt auch viele nette Restaurants.

Lektion 8

INTERNET & TELEFON

Immer und überall online

Wie im Rest Europas ist auch in den Niederlanden und in Belgien fast überall kostenloser Internetzugang verfügbar. Was die Nutzung des mobilen Internets angeht, liegen die beiden Länder sogar an der Spitze Europas. In einigen Gegenden entsteht eine Anti-Internet-Bewegung, bei der Kneipen und Restaurants Schilder wie „Wir haben kein WLAN, redet miteinander" vor die Tür stellen.

Telefonnummern

Die kostenlose Notrufnummer 112 gilt auch in den Niederlanden und in Belgien.

Hallo!

Wenn sie ans Telefon gehen, sagen die meisten „hallo" (+ Vorname)". Einige fügen auch noch den Nachnamen hinzu.

Wussten Sie schon?

Die Landesvorwahl für die Niederlande ist 0031, für Belgien 0032. Um von unterwegs nach Hause zu telefonieren, wählen Sie für:

Deutschland: 0049
Österreich: 0043
die Schweiz: 0041

DIE NIEDERLÄNDISCHEN ANTILLEN – TOLL ZUM CHILLEN

Nicht verpassen! – Sehenswertes

Bis 2010 wurde der Name *Niederländische Antillen* als Sammelbegriff für alle Inseln im Karibischen Meer verwendet, die zum Königreich der Niederlande gehörten. Seitdem haben die Inseln *Aruba*, *Bonaire*, *Curaçao*, *Sint Maarten*, *Saba* und *St. Eustatius* zwar unterschiedliche politische Statuten, aber überall wird (unter anderem) Niederländisch gesprochen. Die größte Insel dieses tropischen Teils der Niederlande ist *Curaçao* mit seiner beeindruckenden Hauptstadt *Willemstad*, ein Paradies sowohl für Kultur- als auch für Strand- und Naturliebhaber. Die Insel wird dann auch nicht ohne Grund als die vielseitigste Insel der Niederländischen Antillen bezeichnet. Die quirlige Hauptstadt zeichnet sich aus durch Häuser in hellen Farbtönen aus dem 18. Jahrhundert, schöne Viertel (*Otrabanda* und *Punda* sind die bekanntesten), die beliebte Pontonbrücke und unzählige Museen.

Guten Appetit! – Regionale Spezialitäten

Auf *Curaçao* muss man den *Genuine Curaçao Liqueur* probieren. Dieser Likör wird hier schon seit Jahren hergestellt. Und das nicht nur in der bekannten blauen Version, sondern auch in Rot, Orange und Grün. Was typisch antillische Gerichte angeht, gibt es reichlich Auswahl. Hauptgerichte wie Eintopf aus Ziegenfleisch (*kabritu*), Hähnchen und Rindfleisch werden serviert mit Erbsen und Reis (*aros moro*), Kartoffeln oder *funchi*, einem gekochten Maisbrei, der der italienischen Polenta ähnelt. Eine weitere Spezialität ist *keshi yená* – ein Edamer Käse, gefüllt mit Fleisch oder Fisch, Kapern, Rosinen und Trockenpflaumen, der im Ofen gebacken wird.

Geheimtipps

Ein großer Teil von *Curaçao* besteht aus dem 2.300 Hektar großen *Christoffelpark*. Für einen „Aktiv"-Ausflug sind Sie hier an der richtigen Adresse. Es gibt Wanderwege, die Sie durch dichte Wälder und wüstenähnliche Gebiete zum Gipfel führen. Dort werden Sie mit einem unvergesslichen Ausblick verwöhnt. Außerdem verfügt *Curaçao* über eine faszinierende Unterwasserwelt mit wunderschönen Korallenriffen, die es bei Tauchern und Schnorchlern beliebt macht. Und wenn Sie nicht so sportlich sind, finden Sie sicherlich an einem der über fünfzig Sandstrände einen Platz in der Sonne.

Lektion 9

BANKEN & POSTÄMTER

Am Geldautomaten

Wie in den meisten Ländern können Sie in Belgien und den Niederlanden gegen eine geringe Gebühr mit Ihrer normalen Bankkarte und Ihrem Geheimcode Geld abheben. Wenn Sie dafür Ihre Kreditkarte verwenden, zahlen Sie meistens mehr. Kreditkarten werden in den meisten Hotels, Restaurants, Geschäften und Tankstellen akzeptiert. Kunden, die mit ihrer EC-Karte in einem Geschäft bezahlen, können an der Kasse zusätzliches Bargeld abheben. Dies kann nützlich sein, wenn sich in der Gegend kein Geldautomat befindet!

Auf der Post

Im Zeitalter von Kurzmitteilungen und E-Mails mögen Postkarten altmodisch wirken, dennoch freuen sich viele Daheimgebliebene immer noch über einen Gruß per Post. Wenn Sie einen Briefkasten suchen: diese haben in Belgien eine rote Farbe und in den Niederlanden sind sie seit 2013 orange. Die belgischen Briefkästen haben einen Schlitz, die niederländischen normalerweise zwei, einen für die lokale Post und einen für den Rest des Landes und das Ausland. Im Dezember werden aus Sicherheitsgründen die Schlitze der niederländischen Briefkästen verkleinert, und am Silvester werden die meisten Schlitze vollständig geschlossen. Bis Anfang der 70er Jahre hatten die Straßenbahnen und Busse, die den *Stationsplein* in Amsterdam anfuhren, einen Briefkasten, der bei ihrer Ankunft am *Stationsplein* von einem Postboten geleert wurde.

Wussten Sie schon?
In den letzten Jahren wurde in den Niederlanden und in Belgien genauso häufig in bar wie mit der EC-Karte bezahlt. Barzahlungen sind zwar rückläufig, aber der Vormarsch des elektronischen Bezahlens bedeutet nicht, dass es nur eine Frage der Zeit ist, bis das Bargeld verschwindet. Die Leute hängen am Bargeld, besonders nach der Bankenkrise. Es wird daher wohl noch eine Weile dauern, bis wir den skandinavischen Ländern zu einer bargeldlosen Gesellschaft folgen.

FRIESLAND – SO VIELE VERSCHIEDENE FACETTEN

Nicht verpassen! – Sehenswertes
Eine der schönsten Provinzen der Niederlande ist *Friesland*. Zusammen mit den bewohnten *Waddeneilanden*, die zu *Friesland* gehören (*Vlieland, Terschelling, Ameland* und *Schiermonnikoog*), ist *Friesland* die zweitnördlichste Provinz des Landes. Sie können dort in romantischen Hafenstädtchen spazieren gehen, durch einsames Marschland radeln oder von Ihrem Strandkorb aus den Blick über das Wattenmeer gleiten lassen – ein Urlaub in *Friesland* bietet viele Möglichkeiten. Und vielleicht haben Sie Glück bei einem Besuch im Winter und können Zeuge des *Elfstedentocht* werden, des weltberühmten Eislaufwettbewerbs, der in der Hauptstadt *Leeuwarden* endet. Dafür muss es aber kalt genug sein, damit das Eis auf den Kanälen mindestens fünfzehn Zentimeter dick ist. Und das passiert leider nicht mehr so oft ...

Guten Appetit! – Regionale Spezialitäten
Cranberries, Sanddorn und Apfelbeeren bilden zusammen eine bunte Palette von Beeren, die im Wattengebiet wachsen und blühen. Produkte, die aus diesen Beeren hergestellt werden, sind Tee, Saft, Sirup, Essig, Wein, Honig, Marmelade, Senf und auch Süßwaren. In dieser Kategorie darf auch das *friesische Zuckerbrot* nicht fehlen: Weißbrot, in dem Zuckerkörnchen gebacken werden. Neben dem Zucker wird Zimt und manchmal auch Ingwersirup hinzugefügt.

Geheimtipps
Man würde es nicht gleich erwarten, aber seit einigen Jahren erlangt *Friesland* Ruhm als Weinregion. Der *Frysling* ist der nördlichste Weinberg der Niederlande und liegt etwas außerhalb des Dorfes *Twijzel*. Der Name ist eine Kombination aus dem Regionalnamen *Fryslân* und der Rebsorte Riesling. Unter dem Einfluss des Wattenmeeres und geschützt durch die friesischen Wälder wachsen sechs verschiedene Rebsorten im Sandboden. Der berühmteste Wein ist der schäumende *Frysling Brûswyn*, köstlich als Aperitif.

Lektion 10

UNTERWEGS IN DEN NIEDERLANDEN UND IN BELGIEN

Das richtige Ticket
Alle Tickets müssen beim Einsteigen in Bus, Straßenbahn, U-Bahn oder Zug an den Kartenleser gehalten werden. Dieser bestätigt mit einem grünen Licht und einem akustischen Signal, dass die Karte korrekt gelesen wurde. In den Niederlanden müssen Sie, bevor Sie aussteigen, auf die gleiche Weise wieder auschecken. Achten Sie darauf, dass Sie dies nicht vergessen, sonst läuft der Zähler einfach weiter. Alles klar? Gut, aber Vorsicht, denn Streiks kommen im öffentlichen Nahverkehr öfters vor. Daher ist es am besten, sich im Voraus zu erkundigen.

Wussten Sie schon?
Seit einigen Jahren sind in vielen Städten auch Leihfahrräder an Terminals erhältlich (z. B. www.macbike.nl, www.velo-antwerpen.be). Einige dieser Anbieter haben an jeden gedacht. Neben den normalen City-Bikes vermieten sie auch Fahrräder mit Kindersitzen, Elektrofahrräder, Tandems, Cargo-Bikes und sogar Rollstuhlfahrräder. Es gibt immer ein Fahrrad, das zu Ihnen passt.

Fußball!
Die Niederlande und Belgien mögen viele Gemeinsamkeiten haben, aber wenn es um Fußball geht, gibt es eine große Rivalität. Die Niederlande waren schon immer ein Spitzenfußballland, aber in den letzten Jahren hat Belgien ordentlich aufgeholt. Während eines Spiels zwischen *Oranje* und den *Roten Teufeln* geht es heiß her, egal, ob es sich um ein Weltmeisterschafts- oder ein Freundschaftsspiel handelt.

DAS MAASLAND – FAHRRADPARADIES ÜBER DIE GRENZE HINWEG

Nicht verpassen! – Sehenswertes
Das *Maasland* ist von allen Regionen der Niederlande und Flanderns die beliebteste Fahrradregion. Kein Wunder, denn die Landschaft um die *Maas* ist wunderschön und herrlich flach. Diese Grenzregion ist daher ideal für einen Familienurlaub. Mit den Fähren können Sie den Fluss leicht überqueren, sodass Sie sich plötzlich im anderen Land befinden. Die Radrouten in beiden Ländern sind perfekt miteinander verbunden, sodass Sie sich bestimmt nicht verfahren. *Maaseik*, *Maasmechelen*, *Maastricht* ... ehe man sich's versieht, hat man vierzig Kilometer in den Beinen. Und nicht zu schnell radeln, denn unterwegs gibt es viel zu sehen. Halten Sie auf jeden Fall auch mal beim Bäcker an für einen leckeren *knapkoek*, den berühmten runden Keks aus trockenem Hefeteig, der mit Rohzuckerkörnern bestreut ist.

Guten Appetit! – Regionale Spezialitäten
Nach dem Radfahren können Sie in einem/einer der malerischen Maas-Dörfer oder -Städte mit ihren zahlreichen gemütlichen Restaurants zur Ruhe kommen. Die bekannteste Spezialität ist das *zuurvlees* (saures Fleisch), das seinen Namen der Essigmarinade verdankt. Es wird mit Rind-, Schweine-, Pferde- oder Kaninchenfleisch zubereitet. Im Gegensatz zu dem, was Sie vielleicht erwarten, schmeckt es eher süß als sauer. Der Geschmack des Essigs wird nämlich durch die Zugabe von *peperkoek* (eine Art Lebkuchen) und *stroop* (Dicksaft) ausgeglichen. Und zum Dessert darf eine köstliche Limburger *vlaai* (Obsttorte) natürlich nicht fehlen.

Geheimtipps
Eine originelle Art, die schöne *Maasregion* zu genießen, ist eine abenteuerliche Kajak-Fahrt auf dem Fluss. Zwischen April und Oktober können Sie an vielen Orten Kajaks für eine oder mehrere Personen mieten. Besonders empfiehlt sich dies für die authentischen, nicht-kanalisierten Abschnitte der Maas.

Lektion 11

KLEIDUNG, MODE & CO.

Belgische Mode
Die belgische Mode boomt. Seit über zwei Jahrzehnten positioniert sie sich als avantgardistisch, individuell und selbstbewusst im internationalen Modebusiness. Namen wie Dries van Noten, Dirk Bikkembergs und Walter Van Beirendonk sind in aller Munde. Die berühmteste Schule für Modedesigner ist die Abteilung Mode der *Koninklijke Academie voor Schone Kunsten* in *Antwerpen*. Die zahlreichen jungen Talente sorgen für frischen Wind in der belgischen und internationalen Modeszene. Vielleicht war Belgien mit seiner reichen Geschichte des Textilhandels und seinem künstlerischen Erbe dazu bestimmt, die Laufstege zu erobern?

Wussten Sie schon?
Es ist wieder in, seine Einkäufe auf dem Wochenmarkt zu erledigen. In unserer schnelllebigen Zeit wird erneut die Langsamkeit geschätzt. Ähnlich wie der „Slow Food"-Trend, wo mehr Aufmerksamkeit auf Qualität und Genuss gelegt wird, gibt es nun den „Slow Shopping"-Trend. Man geht wieder auf den Markt. Frische, „ehrliche" Produkte sind gefragt. In den Niederlanden und in Belgien gibt es jede Menge Märkte. Viele Städte haben Initiativen unternommen, um die Bürger wieder auf die Wochenmärkte zu locken.

GENT – STADT DES DESIGNS UND DER FESTE

Nicht verpassen! – Sehenswertes

Neben *Antwerpen* ist auch *Gent* für Design bekannt. Im Herzen dieser pulsierenden Stadt befindet sich das *Design Museum Gent* mit einer Auswahl von 20.000 historischen und zeitgenössischen Objekten. Man kann dort zahlreiche Kollektionen, darunter Schmuck-, Keramik-, Möbel- und Textildesign, anschauen. Auch die Architektur ist vertreten (Horta, Van de Velde ...). Zögern Sie nicht, mit der ganzen Familie zu kommen. Das kostenlose Museumsspiel gibt Kindern eine nette Einführung in die Welt des Designs.

Guten Appetit! – Regionale Spezialitäten

Gent ist eine der fünf Städte der Welt, die von der UNESCO als „Musikstadt" anerkannt sind. Das bekannteste Musikereignis ist natürlich das Festival *Gentse Feesten*. Das alljährlich im Juli stattfindende Festival bietet nicht nur musikalisch, sondern auch kulinarisch alles, was das Herz begehrt. Den *Gentse waterzooi*, eine Suppe (die aber eine ganze Mahlzeit bildet) mit Kartoffeln, Gemüse und Fisch oder Huhn finden Sie hier natürlich auch. Und wer Süßes mag, muss unbedingt die berühmten *cuberdons*, auch bekannt als *Gentse neusjes* („Genter Nasen"), probieren. Es handelt sich um kegelförmige, lilafarbige Süßigkeiten mit einem weichen Himbeerkern. Köstlich!

Geheimtipps

Alle fünf Jahre steht *Gent* im Mittelpunkt des Interesses der Pflanzenfreunde. Von Ende April bis Anfang Mai finden dort die *Gentse Floraliën* statt. Züchter aus fünfzehn verschiedenen Ländern präsentieren ihre schönsten Blumen und Pflanzen und nehmen am internationalen Blumenzüchterwettbewerb teil. Im gleichen Zeitraum wird im Stadtzentrum von *Gent* ein grüner Teppich ausgerollt. Ein Muss für Gartenliebhaber!

Lektion 12

GESUNDHEIT

Wussten Sie schon?

Krank im Urlaub? Lieber nicht, doch im Fall der Fälle können Sie mit der Europäischen Krankenversicherungskarte (EHIC) europaweit unmittelbar erforderliche medizinische Versorgung in Anspruch nehmen. Die Karte gilt in allen Ländern der EU und ist kostenlos bei der Krankenkasse zu bekommen. Bei Vorlage dieser Karte wird Ihnen bei Unfall oder akuter Erkrankung sofort geholfen. Manchmal kann es von Vorteil sein, eine Auslandsreisekrankenversicherung abzuschließen, insbesondere hinsichtlich des Rücktransports im Krankheitsfall.

Wohin im Notfall?

Apotheken sind in den Niederlanden und in Belgien in der Regel zahlreich und leicht zu finden. Es haben immer ein paar Apotheken außerhalb der normalen Öffnungszeiten geöffnet. Sie finden sie durch Aushänge an der Tür oder die Website. In Notfällen begibt man sich am besten in die Erste-Hilfe-Station eines Krankenhauses, in den Niederlanden *spoedeisende hulp* (SEH), in Belgien *spoed(afdeling)* genannt.

Zu Hause oder im Krankenhaus?

Die Niederländerinnen bekommen ihre Kinder manchmal noch zu Hause, während deutsche Frauen meistens im Krankenhaus entbinden. In Deutschland gilt die Hausentbindung oft als risikobehaftet, aber die Niederlande haben die höchste Rate an Hausgeburten in Europa. Ein Kind bekommen wird dort weniger als medizinische Prozedur, sondern als ein vollkommen natürliches Ereignis betrachtet. In der Folge wird immer noch eine ansehnliche Zahl der Babys zu Hause geboren.

ROTTERDAM – DIE HIPPE STADT

Nicht verpassen! – Sehenswertes

Rotterdam ist bekannt als die hippste Stadt der Niederlande. Mit seiner beeindruckenden Skyline und seiner einzigartigen Architektur mit dem *Euromast*, dem *Maastoren*, der *Erasmusbrücke* und der *Markthal* ist es ein absolutes Muss! Mit seinen 185 Metern ist der *Euromast* der höchste Aussichtsturm der Niederlande. Und mit zwanzig Metern weniger ist der *Maastoren* der höchste Wolkenkratzer des Landes. Die berühmte *Erasmusbrücke* wird auch „Der Schwan" genannt, da die Brücke ein wenig wie dieses Tier aussieht. Die Brücke über die *Nieuwe Maas* ist nach dem niederländischen Humanisten Erasmus benannt. Besonders am Abend sieht das Bauwerk beeindruckend aus. Die Markthalle besteht aus einem viergeschossigen Parkhaus mit einem elfgeschossigen Markt darüber. Mit Ausnahme des Blumenstandes betreibt dieser Markt nur Essensstände. Vergessen Sie nicht, während Ihres Besuchs nach oben zu schauen, die Deckendekorationen sind wunderschön. Gegenüber dem Bahnhof *Blaak* und schräg gegenüber der *Markthal* finden Sie die *Würfelhäuser*. Diese gelben, schiefen „Blockboxen" sind einzigartige Pfahlbauten, die in den 80er Jahren nach einem Entwurf des Architekten Piet Blom gebaut wurden.

Guten Appetit! – Regionale Spezialitäten

Fast jeder in den Niederlanden hat eine Schwäche für den *Dudok*-Apfelkuchen. Der *Dudok*-Apfelkuchen gilt als der leckerste Apfelkuchen der Niederlande und wurde erstmals in *Rotterdam* gebacken. Die Stadt zu besuchen und kein Stück von diesem Apfelkuchen zu probieren, wäre eine Todsünde!

Geheimtipps

Während die *Markthal* vielleicht der berühmteste Rotterdamer Ort für Feinschmecker ist, gibt es einen weiteren, sehr interessanten Gourmet-Hotspot; gleich außerhalb des Stadtzentrums sorgte die *Fenix Food Factory* dafür, dass das ehemalige Hafengebiet nicht heruntergekommen ist. Alte Lagerhallen wurden in eine authentische Frischmarkt- und Gastronomiehalle umgewandelt. Kleine Cafés, Restaurants und lokale Produzenten bieten ihre traditionellen Produkte an, Sie können verschiedene Arten von Fleischprodukten und Brot, selbstgebrautes Bier, Bio-Produkte, Käse ... probieren. Sehr einfach, aber sehr gemütlich!

Lösungen, Hörtexte und Übersetzung der Dialoge

Lektion 1

Schon längst bekannt, nicht wahr?

1. – f., 2. – d., 3. – b., 4. – a., 5. – c., 6. – e.

Dialog 1A

■ Guten Morgen, Herr Müller.
● Ah, guten Morgen, Frau De Vries! Wie geht es Ihnen?
■ Sehr gut, danke. Und Ihnen?
● Auch gut, vielen Dank. Darf ich Ihnen meine Frau vorstellen?
■ Sehr erfreut.
▲ Freut mich, Sie kennenzulernen.
■ Und dies ist mein Mann.
◆ Sehr erfreut.
■ Entschuldigung, aber da ist unser Zug … Auf Wiedersehen.
● Auf Wiedersehen und gute Reise!

■ **Goeiemorgen**, meneer Müller.
● Ah, goeiemorgen, mevrouw De Vries! Hoe gaat het met u?
■ Heel goed, **bedankt**. En met u?
● Ook goed, dank u wel. Mag ik u mijn vrouw voorstellen?
■ Aangenaam.
▲ Leuk u te leren kennen.
■ En dit is mijn man.
◆ **Aangenaam**.
■ Sorry, maar daar is onze trein … Tot ziens.
● **Tot ziens** en goeie reis!

Oefeningen 1A

2. 1. – a., 2. – b., 3. – b., 4. – a.

3. 1. Mag ik u mijn vrouw voorstellen? 2. Mag ik u mijn man voorstellen? 3. Mag ik u mijn verloofde voorstellen? 4. Mag ik u mijn vriendin voorstellen? 5. Mag ik u mijn vriend voorstellen? 6. Mag ik u mijn kind voorstellen?

4. 1. – f., 2. – d., 3. – a., 4. – e., 5. – b., 6. – c.

Dialog 1B

● Hallo, Mieke, wie geht's dir denn so?
■ Hallo, Markus! Gut, danke. Und dir?
● Na ja, nicht so gut: ich bin sehr müde …
■ Ach, das tut mir leid! Darf ich dir meinen Freund Willem vorstellen?
◆ Hallo.
● Hallo, Willem.
■ Und wer ist deine Freundin?
● Das ist Susanne.
■ Willkommen in Amsterdam, Susanne!
▲ Vielen Dank.

Wer ist Willem? **Willem ist der Freund von Mieke.**

Oefeningen 1B

2. Dit is mijn man / broer / zus / vrouw / baas / vriendin / chef. Dit zijn mijn ouders / collega's.

3. 1. – a., 2. – b., 3. – b., 4. – a.

Hörtext:

● Hoi Paulien, hoe gaat het?
■ Hallo Tijs, goed, dank je. En hoe is het met jou?
● Het gaat wel, maar ik ben een beetje moe.
■ Oei, wat vervelend! … Mag ik je mijn zus Annemie voorstellen? En dit is Tom, een vriend.
◆ Hallo Tijs.
● Hoi.

4. 1. – c., 2. – a., 3. – f., 4 – e., 5. – d., 6. – b.

Lektion 2

Nicht immer ganz leicht!

1. – e., 2. – f., 3. – b., 4. – a., 5. – d., 6. – h. 7. – c., 8. – g.

Dialog 2A

● Entschuldigen Sie, ist dieser Platz noch frei?
■ Ja, bitte.
● Vielen Dank.
■ Entschuldigung, aber Sie sind keine Niederländerin, nicht wahr?

● Nein nein, ich bin Deutsche. Aus Frankfurt. Und Sie, woher kommen Sie?
■ Ich komme aus Maastricht, aber ich wohne in Amsterdam.
● Eine wunderschöne Stadt! Fahren Sie auch nach Antwerpen?
■ Ja, beruflich, ich bin Architekt. Und Sie, was sind Sie von Beruf?
● Ich bin Sekretärin und arbeite bei einer Bank, aber jetzt bin ich in Urlaub.
■ Und reisen Sie allein?
● Nein, mit meinem Mann!
■ Ah, Sie sind also verheiratet ...?
● Ja, und ich habe auch zwei Kinder. Und Sie, sind Sie verheiratet? ...

Wo wohnt der Mann und was ist er von Beruf? **Der Mann wohnt in Amsterdam und von Beruf ist er Architekt.**

Oefeningen 2A

2.

3 Een prachtige stad! Gaat u ook naar Groningen?
2 Nee nee, ik ben Duitser, maar ik woon in Rotterdam.
6 Goede reis dan.
4 Ja, voor het werk. En u bent op vakantie, of niet?
1 Goedenavond. Neem me niet kwalijk, maar bent u Nederlander?
5 Ja, ik werk nu niet, ik ben op vakantie.

3.

1. Sorry, is deze plaats nog vrij?
2. Waar kom jij / komt u vandaan?
3. Ik woon in Rotterdam.
4. Wat is je / jouw / uw beroep?
5. Ik ben architect / secretaresse / ...
6. Ik ben getrouwd.

4. 1. – c., 2. – b., 3. – d., 4. – a., 5. – f., 6. – e.

Dialog 2B

● Hallo, du bist Luc, nicht wahr?
■ Ja ... Entschuldige, wie heißt du noch mal?
● Ich heiße Holger, ich bin der Freund von Inge.
■ Ah ja ... Holger ... du bist Deutscher, nicht wahr?
● Ja, ich komme aus München.
■ Und bist du hier allein?
● Nein, mit meinem Bruder.
■ Ah, du hast einen Bruder?
● Ja, und auch eine Schwester. Und du?
■ Nein, ich habe keine Geschwister. Ich bin Einzelkind. Warum bist du in den Niederlanden? Bist du Student?
● Ja, ich studiere Niederländisch. Und du, was machst du?
■ Ich bin Verkäufer in einem Computergeschäft ...
● Ah, interessant! Also, dann bis bald!
■ Tschüss!

Hat Holger Geschwister? **Ja, er hat einen Bruder und eine Schwester.**

Oefeningen 2B

2.

1. Sorry meneer, hoe **heet** u?
2. Jij **komt** uit Zwitserland, of niet?
3. Mijn zus **is** verkoopster.
4. Mijn twee beste vrienden **heten** allebei Jan.
5. **Werk** jij bij een bank?
6. Waarom **bent** u in België?

3. 1. – a., 2. – a., 3. – a., 4. – a.

Hörtext:

● Hallo, ik ben Eefje. Ik kom uit Leiden.
■ Hoi Eefje, ik ben Pim. En dit is Sofie, de vriendin van mijn broer.
◆ Hallo Eefje.
● Hoi Sofie, waar kom je vandaan?
◆ Ik ben Belgische, uit Gent, maar ik ben in een relatie met een Nederlander.
■ Ja, met mijn broer!

4. 1. – c., 2. – e., 3. – f., 4. – b., 5. – d., 6. – a.

Lektion 3

Dialog 3A

● Entschuldigen Sie, können Sie mir sagen, wie spät es ist?
■ Es ist halb vier.
● Wissen Sie, um wie viel Uhr wir in Antwerpen ankommen?
■ Aber dieser Zug fährt nicht nach Antwerpen!
● Wie bitte?

- Nach Antwerpen müssen Sie in Rotterdam umsteigen und den Zug nach Brüssel nehmen. Rotterdam ist die nächste Station.
- Und wann kommen wir an?
- Das weiß ich nicht ... Das müssen Sie den Schaffner fragen.
- (Die) Fahrkarten, bitte!
- Bitte schön. Entschuldigen Sie, um wie viel Uhr kommen wir in Rotterdam an?
- Unser Zug hat leider zehn Minuten Verspätung, wir kommen um vier (Uhr) in Rotterdam an. Der Zug nach Antwerpen fährt um Viertel nach vier ab, von Gleis elf.
- Ah, in Ordnung. Vielen Dank.
- Gern geschehen, gute Reise!

- Neem me niet kwalijk, kunt u mij zeggen hoe laat het is?
- Het is half vier.
- Weet u hoe laat we in **Antwerpen** aankomen?
- Maar deze trein gaat niet naar Antwerpen!
- Wat zegt u?
- Voor Antwerpen moet u in **Rotterdam** overstappen en de trein richting **Brussel** nemen. Rotterdam is het volgende station.
- En wanneer komen we aan?
- Dat weet ik niet ... Dat moet u aan de conducteur vragen.
- Kaartjes, alstublieft!
- Alstublieft. Neem me niet kwalijk, hoe laat komen we in Rotterdam aan?
- Onze trein heeft helaas tien minuten vertraging, we komen om vier uur in Rotterdam aan. De trein naar Antwerpen vertrekt om kwart over vier, van spoor elf.
- Ah, in orde. Hartelijk dank.
- Graag gedaan, goeie reis!

Oefeningen 3A

2.

1. We **hebben** tien minuten vertraging.
2. Hoe laat **komen** we **aan**?
3. Deze trein **gaat** niet naar Oostende.
4. U **moet** in Den Haag overstappen.
5. We **vragen** het aan de conducteur.
6. De trein naar Alkmaar **vertrekt** om vier uur.

3.

1. Negen min drie is zes.
2. Zeven plus twee is negen.
3. Twaalf min negen is drie.
4. Acht plus drie is elf.
5. Vijf min vier is een.
6. Een plus zes is zeven.
7. Tien min vijf is vijf.
8. Twee plus acht is tien.
9. Vier plus een is vijf.
10. Drie min twee is een.
11. Elf plus een is twaalf.
12. Zeven min zes is een.

4.

1. Het is half vier.
2. Het is kwart over zeven.
3. Het is kwart voor vijf.
4. Het is vijf uur.
5. Het is twaalf uur.
6. Het is half twee.
7. Het is kwart voor drie.
8. Het is middernacht.
9. Het is kwart over elf.
10. Het is half zeven.
11. Het is kwart voor negen.
12. Het is tien uur.

Dialog 3B

- Entschuldigung, wo ist die Touristen-information?
- Sie ist hier gegenüber, aber sie ist heute geschlossen. Du kannst es auf dem Nassauplein versuchen.
- Ist es weit (weg)?
- Nein, es ist hier in der Nähe. Du kannst zu Fuß gehen.
- Aber ich habe zwei Koffer ...
- Dann kannst du den Bus nehmen. Den 12er. Du kannst die Fahrkarte dort kaufen, siehst du?
- Und wo ist die Haltestelle?
- Du musst den Platz überqueren und dann ...
- Nein, nein, Entschuldigung, es ist egal. Ich nehme wohl ein Taxi. Wo ist ein Taxistand?
- Ah, der ist hier gegenüber, siehst du?
- Sehr gut. Vielen Dank und auf Wiedersehen.

Welches Verkehrsmittel nimmt die Frau am Ende?
Sie nimmt ein Taxi.

Oefeningen 3B

2.

4 Dan kun je een taxi nemen.
2 Nee, die is hier in de buurt. Je kunt te voet gaan.
6 Die is hier direct tegenover, zie je?
3 Maar ik heb twee koffers ...
1 Neem me niet kwalijk, is de toeristische dienst ver weg?
5 Waar is de taxistandplaats?

3. 1. – a., 2. – a., 3. – b.

Hörtext:

- Goededag, neem me niet kwalijk, weet u waar de VVV is?
- Ja, maar te voet is het een beetje ver. U kunt de bus nemen, nummer 37, de bushalte is daar, ziet u?
- Ah ja. Maar het is al half zeven, is de VVV nog open?
- Ja hoor, hij is nog open, maakt u zich geen zorgen!
- OK. Hartelijk dank.
- Graag gedaan.

4.

1. Om **daarnaartoe** te gaan, moet je **de tram** nemen.
2. Om **naar de Grote Markt** te gaan, moet je **een taxi** nemen.
3. Om **daarheen** te gaan, moet je **de fiets** nemen.
4. Om **naar Delft** te gaan, moet je **de bus** nemen.
5. Om **naar het Koningsplein** te gaan, moet je **de metro** nemen.
6. Om **naar Maastricht** te gaan, moet je **de trein** nemen.

Lektion 4

Dialog 4A

- Guten Tag, kann ich Ihnen helfen?
- Ja, ich suche ein Hotel hier in Antwerpen.
- Für wann?
- Ab heute für drei Nächte.
- Also vom 14. bis 17. August. Wie viele Sterne?
- Drei.
- Wollen Sie ein Einzel- oder ein Doppelzimmer?
- Ein Doppelzimmer ...
- Hmm, wir haben das Hotel „Der König von Spanien". Ein Doppelzimmer kostet 110 Euro pro Nacht.
- Oh, das ist ein bisschen teuer ...
- Ansonsten haben wir (das) „Hotel Rubenshof", das kommt auf 70 Euro.
- Ist es im Zentrum?
- Ja, auf jeden Fall! Es liegt an der Amerikalei.
- Ah, perfekt! Können Sie mir die (Telefon-)Nummer geben?
- Natürlich: 03 201 13 88.

- Goeiedag, kan ik u helpen?
- Ja, ik zoek een **hotel** hier in Antwerpen.
- Voor wanneer?
- Vanaf vandaag voor **drie nachten**.
- Dus van 14 tot 17 augustus. Hoeveel **sterren**?
- Drie.
- Wilt u een een- of **tweepersoonskamer**?
- Een tweepersoonskamer ...
- Hmm, we hebben het hotel "De Koning van Spanje". Een tweepersoonskamer kost 110 euro per nacht.
- Oei, dat is een beetje **duur**.
- Anders hebben we "Hotel Rubenshof", dat komt op 70 euro.
- Is dat in het centrum?
- Ja hoor, absoluut! Het ligt aan de Amerikalei.
- Oh perfect! Kunt u mij het nummer geven?
- Natuurlijk: 03 201 13 88.

Oefeningen 4A

2.

1. kamer**s**	7. trein**en**
2. nacht**en**	8. vrouw**en**
3. nummer**s**	9. vriend**en**
4. sterr**en**	10. jongen**s**
5. hotel**s**	11. mann**en**
6. student**en**	12. boerderij**en**

3.

Hoeveel kost het hotel?

1. Het kost **vijfennegentig euro** per nacht.
2. Het kost **vierentachtig euro** per nacht.
3. Het kost **negenenveertig euro** per nacht.
4. Het kost **zeventig euro** per nacht.
5. Het kost **tweeëndertig euro** per nacht.
6. Het kost **eenenvijftig euro** per nacht.
7. Het kost **achttien euro** per nacht.
8. Het kost **drieëntwintig euro** per nacht.
9. Het kost **zesenzestig euro** per nacht.
10. Het kost **negenentachtig euro** per nacht.

11. Het kost **veertig euro** per nacht.
12. Het kost **zevenendertig euro** per nacht.

4.
1. Ik zoek een **pension** voor drie nachten.
2. Wilt u een een- of **tweepersoonskamer**?
3. OK, maar voor **hoeveel** dagen?
4. Het hotel is niet in het **centrum**, correct?
5. Kunt u mij het nummer **geven**?
6. Jammer genoeg is het een beetje **duur**.

Dialog 4B
- Hotel „Rubenshof", guten Morgen.
- Guten Tag, ich würde gern ein Doppelzimmer ab heute buchen.
- Für wie viele Nächte?
- Drei, bis zum 17. August.
- Also, mal sehen ... Ja, es ist ein Zimmer frei. Auf welchen Namen?
- Müller.
- Können Sie es für mich bitte buchstabieren?
- M wie Maria, U wie Utrecht mit zwei Pünktchen, Doppel-L wie Leo, E wie Eduard und R wie Rudolf.
- Müller. Perfekt.
- Können Sie mir die Bestätigung per E-Mail schicken? Meine E-Mail-Adresse ist Mueller345@xyz.de.
- Natürlich, das geht in Ordnung.
- Herzlichen Dank. Bis später ...

Für wie viele Nächte möchte der Gast das Zimmer reservieren? **Für drei Nächte.**

Oefeningen 4B

3.

Ik wil graag een kamer boeken ...

1. van 15 tot 18 juni.
2. van 9 tot 11 december.
3. van 17 tot 20 april.
4. van 25 tot 27 oktober.
5. van 13 tot 14 februari.
6. van 21 tot 29 juli.
7. van 23 tot 26 november.
8. van 1 tot 8 augustus.
9. van 16 tot 24 mei.
10. van 19 tot 22 maart.
11. van 27 tot 30 september.
12. van 28 tot 31 januari.

4. 1. – a., 2. – b., 3. – b., 4. – a.

Hörtext:
- Hotel "Zeezicht", goedenavond.
- Goedenavond, ik zoek een eenpersoonskamer vanaf twaalf augustus.
- Voor hoeveel nachten?
- Vier, tot zestien augustus. Hoeveel kost hij per nacht?
- Tachtig euro.
- OK, ik neem hem. Mijn naam is De Vries. Kunt u mij de bevestiging per e-mail sturen?
- Natuurlijk.

Lektion 5

Luxus pur

Auf dem Foto sind zu sehen: 1. Bett, 2. Telefon, 3. Schrank, 4. Tisch, 5. Fernseher, 6. Stuhl, 7. Teppich, 9. Kissen, 10. Lampe. Nicht zu sehen ist: 8. Gardinen.

Dialog 5A
- Guten Abend, wir haben ein Zimmer bei Ihnen reserviert/gebucht.
- Willkommen. Wie ist Ihr Name, bitte?
- Mein Name ist Peter Schmidt. Hier ist die Bestätigung.
- Haben Sie einen Ausweis bei sich?
- Natürlich, ist mein Personalausweis O. K.?
- Ausgezeichnet. Es ist für zwei Nächte, nicht wahr?
- Nein, nein, für drei Nächte. Wir reisen am Samstag ab.
- Ah genau ... Sie haben Zimmer 25, im zweiten Stock. Hier ist der Schlüssel.
- Danke schön.
- Der Aufzug ist hier links.
- Danke ... Ah, Entschuldigung, das Frühstück ist doch im Preis inbegriffen?
- Ja sicher. Es wird hier im Erdgeschoss von sieben bis zehn serviert.
- Perfekt, vielen Dank für Ihre Hilfe und gute Nacht!
- Gern geschehen. Gute Nacht und einen schönen Aufenthalt!

Für wie viele Nächte wurde das Zimmer reserviert und ist das Frühstück inbegriffen? **Das Zimmer**

wurde für drei Nächte reserviert und das Frühstück ist inbegriffen.

Oefeningen 5A

2. 1. – b., 2. – a., 3. – a., 4. – b.

3.

1. Ik will/Wij willen graag een eenpersoonskamer tot zaterdag.
2. Ik wil/Wij willen graag een tweepersoonskamer met halfpension.
3. Ik wil/Wij willen graag een kamer met een dubbel bed.
4. Ik wil/Wij willen graag een kamer met twee enkele bedden.
5. Ik wil/Wij willen graag een tweepersoonskamer met ontbijt.

4.

1. We willen graag voor **één nacht** blijven, wij checken **maandag** uit.
2. We willen graag voor **twee nachten** blijven, wij checken **dinsdag** uit.
3. We willen graag voor **drie nachten** blijven, wij checken **woensdag** uit.
4. We willen graag voor **vier nachten** blijven, wij checken **donderdag** uit.
5. We willen graag voor **vijf nachten** blijven, wij checken **vrijdag** uit.
6. We willen graag voor **zes nachten** blijven, wij checken **zaterdag** uit.
7. We willen graag voor **zeven nachten** blijven, wij checken **zondag** uit.

Dialog 5B

● Rezeption, guten Abend.
■ Guten Abend, ich rufe von Zimmer 25 an.
● Was kann ich für Sie tun?
■ Entschuldigen Sie, aber das Zimmer gefällt mir nicht. Haben Sie nicht ein größeres und ruhigeres, das nicht zur Straße hin liegt?
● Es tut mir leid, leider ist heute Abend alles ausgebucht, aber morgen wird ein Zimmer mit Meerblick frei.
■ Sehr gut, aber es gibt noch ein anderes Problem. In diesem Zimmer funktioniert die Dusche nicht und es gibt kein heißes Wasser ... oh und außerdem schließt das Fenster nicht!
● Oh je! Machen Sie sich keine Sorgen, ich schicke Ihnen gleich jemanden.
■ Herzlichen Dank, und könnte ich bitte noch eine Decke haben?
● Aber natürlich. Einen schönen Abend.
■ (Für Sie) ebenfalls.

4 ■ Sorry, maar de kamer bevalt me niet. Heeft u een grotere en rustigere die niet aan de straatkant ligt?
3 ● Wat kan ik voor u doen?
8 ■ Hartelijk bedankt, en zou ik alstublieft nog een deken kunnen hebben?
1 ● Met de receptie, goedenavond.
10 ■ Voor u hetzelfde.
5 ● Het spijt me, vandaag is jammer genoeg alles vol, maar morgen komt er een kamer met zeezicht vrij.
6 ■ Heel goed, maar er is nog een ander probleem. In deze kamer doet de douche het niet en er is geen warm water ... oh en bovendien sluit het raam niet!
9 ● Maar natuurlijk. Een fijne avond.
2 ■ Goedenavond, ik bel van kamer 25 (vijfentwintig).
7 ● Oei! Maakt u zich geen zorgen, ik stuur meteen iemand langs.

Oefeningen 5B

2.

1. De verwarming werkt **niet**.
2. De kamer bevalt me **niet**.
3. Is er **geen** rustigere kamer?
4. Er is **geen** warm water.
5. De kamer ligt **niet** aan de straatkant.

3. 1. – b., 2. – a., 3. – b., 4. – b.

Hörtext:

● Hallo, met de receptie.
■ Hallo, ik bel van kamer 32.
● Wat kan ik voor u doen, mevrouw?
■ De kamer bevalt me niet, heeft u geen grotere?
● Nee, jammer genoeg is dat vandaag niet mogelijk.

- ■ Oh, OK. Maar hier werkt de verwarming niet en er is geen warm water.
- ● Oei, maakt u zich geen zorgen, ik stuur meteen iemand.

4. 1. – b., 2. – a., 3. – a., 4. – b.

Lektion 6

Dialog 6A

- ● Guten Tag. Was darf es sein?
- ■ Guten Tag, für mich ein Glas Rotwein, bitte.
- ● Und für Sie?
- ◆ Für mich einen Milchkaffee. Und was für belegte Brötchen haben Sie?
- ● Wir haben Brötchen mit Käse, Hering und „gesund" (mit Salat, Tomaten, Ei, Gurke etc. belegt).
- ◆ Ein Brötchen mit Käse, bitte.
- ■ Und für mich bitte ein „Brötchen gesund".
- ● Bitte sehr!
- ■ Danke. Wissen Sie, ob es hier heute Abend etwas Interessantes zu tun gibt?
- ● Na ja, es gibt viele nette Cafés, ein paar Discos ...
- ◆ Ja, aber ... wir tanzen nicht gern. Wir mögen lieber einen ruhigen Abend. Wissen Sie, ob es ein Kino oder ein Theater in der Nähe gibt?
- ● Ja, es gibt das Kino „De Uitkijk" an der Prinsengracht. Und dieses Wochenende gibt es auch eine „Meeresfrüchte-Parade" beim Landmarkt.
- ◆ Was ist (denn) das?
- ● Das ist ein Festival(, das) im Zeichen von „nachhaltigem Fisch" (steht). Und Sie können verschiedene Fischgerichte probieren und an Kochvorführungen teilnehmen.
- ■ Hm, ich weiß nicht ...
- ◆ Komm schon! Ich mag „Foodfestivals". Und „nachhaltig" ist am leckersten!

- ● Goeiedag. Wat mag het zijn?
- ■ Goeiedag, voor mij een glas **rode wijn**, alstublieft.
- ● En voor u?
- ◆ Ik had graag een **koffie verkeerd**. En welke broodjes heeft u?
- ● We hebben **broodje kaas**, haring of gezond.
- ◆ Een broodje kaas, alstublieft.
- ■ En doet u voor mij maar een **broodje gezond**.
- ● Alstublieft!
- ■ Bedankt. Weet u of hier vanavond iets interessants te doen is?
- ● Nou, er zijn veel leuke cafés, een paar disco's, ...
- ◆ Ja, maar ... wij dansen niet graag. Wij houden meer van een rustige avond. Weet u of er een bioscoop of theater in de buurt is?
- ● Ja hoor, er is het filmtheater "De Uitkijk", aan de Prinsengracht. En dit weekend is het ook Seafood Parade bij de Landmarkt.
- ◆ Wat is dat?
- ● Dat is een festival in het teken van duurzame **vis**. U kunt verschillende visgerechten proeven en demonstraties van chef-koks bijwonen.
- ■ Hmm, ik weet het niet ...
- ◆ Kom op! Ik hou van foodfestivals. En duurzaam is het lekkerst!

Oefeningen 6A

2. Mögliche Lösungen:
1. Goeiedag, ik had graag **een glas witte wijn**.
2. Alstublieft.
3. Bedankt. Weet u wat hier **vanavond** te doen is?
4. Er zijn veel **cafés** en er is ook een **festival**.
5. Weet u of er een **bioscoop** is?
6. Jazeker, er is het **Tivoli**.

3. Mögliche Lösungen:
1. Is het **deze week** mosselfeest?
2. Is het **dit jaar** kinderfilmfestival?
3. Is het **vandaag** Koningsdag?
4. Is het **deze maand** Goudse Kaasfeest?
5. Is het **vanavond** straattheaterfestival?
6. Is het **deze week** bierfeest?

4.
1. Voor mij een ..., alstublieft.
2. Wat wil je graag eten / drinken? / Wat mag het zijn?
3. Weet u wat hier vanavond te doen is?
4. Is er een bioscoop of een theater?
5 Ik hou (niet) van ...
6. Ik hou meer van een rustige avond.

Dialog 6B

- ■ Entschuldigung, (mein Herr,) wissen Sie, wo das Fischfest ist?

- Ja, beim Landmarkt ...
- Ist es weit zu Fuß?
- Nein, nein, es ist in der Nähe, nur 10 Minuten zu Fuß. Sie gehen immer geradeaus bis zur Ampel, dann biegen Sie links ab, Sie überqueren die Brücke und biegen an der zweiten Straße rechts ab. Dort ist der Landmarkt.
- Also: immer geradeaus bis zur Ampel, dann nach links, über die Brücke und dann die erste Straße rechts. ...
- Nein, nein, die zweite!
- Ah ja, wir biegen an der zweiten Straße rechts ab und wir sind da.
- Richtig!
- Herzlichen Dank und einen schönen Abend.
- Auch Ihnen einen schönen Abend. Und guten Appetit!

Wie weit ist es zu Fuß bis zum Fischfest? **Es ist in der Nähe, nur zehn Minuten zu Fuß.**

Oefeningen 6B

2.
1. Sorry mevrouw, weet u **waar** het Compagnie-theater is?
2. Ja, dat is in het **centrum**.
3. U gaat alsmaar **rechtdoor** tot bij het verkeerslicht.
4. Daar **steekt** u de straat over.
5. Bij de volgende kruising gaat u naar **links**.
6. Hartelijk **bedankt**!

3. 1. – b., 2. – b., 3. – a., 4. – b.

Hörtext:
- Goedemorgen.
- Goedemorgen.
- Een koffie, alstublieft.
- Alstublieft!
- Weet u of het deze week mosselfeest is?
- Ja, ja, dat is deze week.
- Is het op het Muntplein zoals altijd?
- Nee, dit jaar is het op het Museumplein.
- Het Museumplein ... Is dat ver van hier?
- Nee hoor, het is vlakbij. Van hieruit gaat u rechtsaf de Rembrandtstraat in en dan is het alsmaar rechtdoor.

4. 1. – d., 2. – b., 3. – e., 4. – a., 5. – c.

5.
1. Hoe kom ik bij het kaasfeest?
2. Is dat ver van hier te voet? / Is het ver lopen?
3. Kan ik de metro nemen?
4. Hoe kom ik bij het Muntplein?
5. Moet ik daarheen een taxi nemen?
6. Hoe lang duurt het?

Test 1

1. 1. – b., 2. – c., 3. – b., 4. – a., 5. – b., 6. – c.

2. 1. – f., 2. – g., 3. – e., 4. – d., 5. – c., 6. – a., 7. – h., 8. – b.

3. Mögliche Lösungen:

1. Sie treffen Ihren Bekannten Herrn Dijkstra.
- Goedenavond, meneer Dijkstra. Hoe gaat het met u?
- Heel goed, bedankt. En met u?
- Ook goed, dank u. Mag ik u mijn vrouw/mijn collega/mijn broer voorstellen?
- Aangenaam.

2. Sie halten einen Plausch mit einem/einer Fremden.
- U bent geen Nederlander/Nederlandse, of wel?
- Nee, ik ben Duitser/Duitse, uit Keulen. En u?
- Ik ben Nederlander/Nederlandse, uit Nijmegen. En wat is uw beroep?
- Ik ben architect/architecte. Bent u getrouwd?

3. Sie rufen bei einem Hotel zwecks Zimmerreservierung an.
- Hotel "Ter Duinen", goedemorgen. Hoe kan ik u helpen?
- Ik wil graag een eenpersoonskamer/tweepersoonskamer met ontbijt boeken vanaf vandaag/morgen voor drie nachten.
- Op welke naam, alstublieft?
- Reith. Kunt u mij de bevestiging per e-mail sturen, alstublieft?

4. Sie sitzen im Zug und erkundigen sich beim Schaffner.
- Neem me niet kwalijk, (om) hoe laat komen we in Maastricht aan?
- Onze trein heeft helaas tien/twintig minuten vertraging, we komen om half vier in Maastricht aan.

- ■ En (om) hoe laat vertrekt van daar de trein naar Antwerpen?
- ● Die vertrekt elk uur, van spoor vijf.

5. Ihre Freundin Loes läuft Ihnen zufällig über den Weg.
- ■ Hoi Loes, hoe gaat het met jou/hoe is het ermee?
- ● Goed./Niet zo goed./Zozo. Mag ik je mijn collega Bert voorstellen?
- ■ Aangenaam. Bent u Nederlander?
- ● Nee, ik ben Belg. Doei!

6. Sie erkundigen sich an der Hotelrezeption.
- ■ Sorry! Is er hier vanavond iets te doen?
- ● Er zijn veel leuke cafés en als u van dansen houdt zijn er ook een paar disco's.
- ■ Wij houden meer van rustige dingen. Weet u of er een theater/bioscoop is?
- ● Ja hoor, er is de Rex in de Stationsstraat.

4. 1. Hoe laat is het? 2. Hartelijk bedankt. 3. Graag gedaan! 4. Tot de volgende keer. 5. Ik wil graag een koffie verkeerd. 6. Ik zoek een hotel. 7. Aangenaam. 8. Waar is de toeristische dienst/ VVV?

Lektion 7

Dialog 7A

- ■ Guten Abend, haben Sie einen Tisch für zwei?
- ● Jawohl, ist dieser hier O.K. oder lieber am Fenster?
- ■ Am Fenster ist es noch gemütlicher, danke schön.
- ● Hier ist die Karte.
- ■ Danke, wir möchten ein typisches Gericht. Was können Sie uns empfehlen?
- ● Die Miesmuscheln mit Pommes frites sind sehr lecker oder sonst die Pasta mit Herzmuscheln, die mag ich selbst noch mehr.
- ▲ Ist Sahne in der Pasta-Sauce?
- ● Ja(, die Dame).
- ▲ Dann (aber) die Miesmuscheln für mich.
- ■ Und ich nehme die Pasta, bitte.
- ● O.K. Wünschen Sie eine Vorspeise?
- ■ Nein, danke, nur ein Hauptgericht. Und eine Flasche vom weißen Hauswein, bitte.
- ● Kommt sofort!

2
- ● Hier is de menukaart.
- ■ Dank u, wij willen graag een typisch gerecht. Wat kunt u ons aanbevelen?
- ● De mosselen met patat zijn heel lekker of anders de pasta met kokkels, die heb ik zelf nog liever.
- ▲ Zit er room in de saus van de pasta?

1
- ■ Goedenavond, heeft u een tafeltje voor twee?
- ● Jazeker, is dit hier goed of liever bij het raam?
- ■ Bij het raam is nog gezelliger, dank u wel.

3
- ● Ja, mevrouw.
- ▲ Doet u dan maar de mosselen voor mij.
- ■ En ik neem de pasta, alstublieft.
- ● OK. Wenst u een voorgerecht?
- ■ Nee, dank u, alleen een hoofdgerecht. En een fles witte huiswijn, alstublieft.
- ● Komt er zo aan!

Oefeningen 7A

2. 1. – b., 2. – a., 3. – a., 4. – b.

3.
1. Wat kunt u mij als aperitiefhapje aanbevelen?
a. Ik raad u een garnaalkroket aan.
2. Wat kunt u mij om te drinken aanbevelen?
e. Ik raad u de witte huiswijn aan.
3. Wat kunt u mij als voorgerecht aanbevelen?
c. Ik raad u de tomatensoep aan.
4. Wat kunt mij als hoofdgerecht aanbevelen?
d. Ik raad u het koninginnenhapje met friet aan.
5. Wat kunt u mij als nagerecht aanbevelen?
b. Ik raad u de appelflap aan.

4. 1. – d., 2. – f., 3. – e., 4. – c., 5. – a., 6. – b.

Dialog 7B

- ● Schauen Sie, die Pasta mit Herzmuscheln und der Eintopf!
- ▲ Entschuldigung, aber das habe ich nicht bestellt ... Ich habe Miesmuscheln bestellt.
- ● Sie haben recht! Ich bringe sie sofort.
- ▲ Danke. Und können Sie auch ein bisschen Brot bringen?
- ● Natürlich.

...

▲ Wie findest du die Pasta?
■ Mm, lecker, aber ein bisschen schwer mit der Sahne. Und die Miesmuscheln?
▲ Sie sind herrlich! Das Restaurant gefällt mir auch, so ruhig und gemütlich ...
■ In der Tat. Hör mal, willst du noch ein Dessert oder eine Tasse Kaffee?
▲ Nein, danke, nicht für mich.
■ Dann die Rechnung?
▲ Ja gern.
■ *(Zum Kellner)* Können wir bezahlen, bitte?

● Kijk eens aan, de pasta met kokkels en de stamppot!
▲ Sorry, maar dat is niet wat ik **besteld** heb ... Ik had **mosselen** gevraagd.
● U heeft gelijk! Ik breng ze meteen.
▲ Dank u. En kunt u ook een beetje brood brengen?
● **Natuurlijk**.

...

▲ Hoe vind je de pasta?
■ Hmm, lekker, maar een beetje zwaar met de room. En de mosselen?
▲ Ze zijn heerlijk! Het restaurant bevalt me ook, zo rustig en **gezellig** ...
■ Inderdaad. Zeg, wil je nog een nagerecht of een kopje koffie?
▲ Nee, dank je, niet **voor** mij.
■ De rekening dan?
▲ Ja, doe maar.
■ *(Tegen de kelner)* Mogen we afrekenen, alstublieft?

Oefeningen 7B

2. 1. – c/d/e., 2. – a/b/f., 3. – c/d/e., 4. – a/b/c/f., 5. – c/d/e., 6. – a/b/f.

3. 1. – a., 2. – a., 3. – b., 4. – b.

Hörtext:
● Goedenavond.
■ Goedenavond, een tafeltje voor één persoon, alstublieft.
● Is dit hier goed?
■ Prima. Ik had graag enkel een hoofdgerecht. Wat kunt u aanbevelen?
● Als hoofdgerecht hebben we stoofvlees of pasta met tonijn.
■ Oh nee, niet het stoofvlees, ik ben vegetariër. Doet u maar de pasta met tonijn.
● En om te drinken?
■ Een glas huiswijn, alstublieft.
● Wit of rood?
■ Wit graag.

4.

1. En hoe vind je de pasta?
2. Hij is lekker, maar een beetje zwaar.
3. Het restaurant bevalt me, het is erg rustig.
4. Wil je nog een nagerecht?
5. Nee dank je, ik neem alleen een kopje koffie.
6. De rekening, alstublieft! / Mogen we/Mag ik afrekenen, alstublieft?

Lektion 8

E-Mails auf Niederländisch!

1. – e., 2. – b., 3. – a., 4. – c., 5. – d., 6. – f.

Dialog 8A

● Guten Tag. Darf ich etwas fragen? Gibt es im Zimmer WLAN?
■ Guten Tag. Ja, selbstverständlich. Und das WLAN ist kostenlos.
● Sehr gut. Können Sie mir bitte das Passwort geben?
■ Hier ist es. Sie können nun im ganzen Hotel online gehen.

...

● Das WLAN funktioniert nicht.
■ Sind Sie sicher, dass Sie das Passwort korrekt eingegeben haben? Vielleicht können Sie es noch einmal versuchen. Es ist wichtig, dass Sie nur Kleinbuchstaben benutzen.
● Ich habe es gemacht, wie Sie es sagen, aber es funktioniert manchmal und manchmal auch nicht. Das Problem ist, dass das Signal sehr schwach ist.
■ Oh, das tut mir leid. Machen Sie sich keine Sorgen, ich schicke jemanden, der den Router überprüft. Dann sehen wir, ob es danach besser funktioniert, O.K.?
● Ja, ausgezeichnet. Vielen Dank.

Erklären Sie in Ihren eigenen Worten, was das Problem ist. **Das Problem ist, dass das WLAN im Hotelzimmer nicht immer funktioniert.**

Anscheinend ist die Verbindung sehr schwach. Der Rezeptionist wird jemanden vorbeischicken, um den Router zu überprüfen.

Oefeningen 8A

2.

3 Hoeveel moet ik ervoor betalen?
5 Kunt u mij het wachtwoord geven?
1 Goeiemorgen, mag ik iets vragen? Is er wifi in de kamer?
6 U heeft geen wachtwoord nodig.
4 Niets, de wifi is gratis.
2 Natuurlijk, meneer.

3.

1. Is er wifi in de kamer?
2. Is de wifi gratis?
3. Kunt u mij het wachtwoord geven?
4. De wifi werkt / doet het niet.
5. De verbinding is heel zwak.

4.

1. **Kun** jij mij het wachtwoord voor de wifi geven?
2. **Kan** ik u helpen?
3. Wij **kunnen** het nog eens proberen.
4. **Kunt** u mij even uw mobieltje geven?
5. Misschien **kunnen** zij iemand langs sturen om de router na te kijken?
6. Jullie **kunnen** zelf zien of het daarna beter werkt.

Dialog 8B

- ● Hallo Koen, hörst du mich?
- ■ Hallo Katrien! Ja, ich höre dich, aber ich sehe dich nicht. Du musst die Webcam einschalten.
- ● Was muss ich tun?
- ■ Die Webcam einschalten. Klicke auf das Kamera-Symbol. Genau, so ist es besser. Schön, dich wiederzusehen. Wie geht's denn so auf Curaçao? Katrien? Vielleicht ist dein Mikrofon ausgeschaltet ...
- ● Oh, entschuldige! Ich habe den falschen Button gedrückt ückt ückt ...
- ■ Katrien, ich höre ein Echo. Ich mache zu und wir versuchen es noch einmal. Kann ich dich zurückrufen?
- ● Klar.

...

- ■ Hallo. Jetzt ist es besser. Endlich sehe ich dich gut.
- ● Aber ich sehe dich nicht, der Bildschirm ist total schwarz.
- ■ Oh, nein! Warte einen Moment ... Ist es so besser?
- ● Ja, jetzt ist es gut.
- ■ O.K., können wir jetzt anfangen?
- ● Ja, lass uns gleich anfangen ...

- ● Hallo Koen, **hoor** je mij?
- ■ Hoi Katrien! Ja, ik hoor je, maar ik **zie** je niet. Je moet de webcam inschakelen.
- ● Wat moet ik doen?
- ■ De webcam aanzetten. Klik op het camera-symbool. Precies, zo is het beter. Wat leuk je terug te zien. Hoe gaat het op Curaçao? Katrien? Misschien staat jouw microfoon uit ...
- ● Oh sorry! Ik heb op de verkeerde knop gedrukt ukt ukt ...
- ■ Katrien, ik hoor een echo. Ik sluit af en we **proberen** het nog eens. Kan ik je terugbellen?
- ● Tuurlijk.

...

- ■ Hoi. Nu is het beter. Eindelijk zie ik je goed.
- ● Maar ik zie jou niet, het scherm is helemaal zwart.
- ■ Oh nee! Wacht even ... Is het zo **beter**?
- ● Ja, nu is het prima.
- ■ OK, **kunnen** we dan nu beginnen?
- ● Ja, laten we meteen beginnen ...

Oefeningen 8B

2. 1. – c., 2. – e., 3. – a., 4. – b., 5. – d.

3. 1. – b., 2. – b., 3. – a.

Hörtext:

- ● Hallo Katleen, kun je mij horen?
- ■ Hoi Bas, ik hoor je niet, ik zie je alleen. Misschien staat jouw microfoon uit.
- ● Oei, wat moet ik doen?
- ■ Je moet op het microfoonsymbool drukken om hem aan te zetten.
- ● Oh sorry! Hoor je me nu?
- ■ Ja, nu hoor ik je prima!

4.

1. Ik hoor je, maar ik zie je niet.
2. Wat moet ik doen?
3. Je moet op het camerasymbool klikken.
4. Is het zo beter?
5. Kunnen we nu beginnen?

Lektion 9

Herzliche Urlaubsgrüße

Postkarte links – Foto unten links, Postkarte Mitte – Foto oben links, Postkarte rechts – Foto rechts

Dialog 9A

Führen Sie Ihre EC-Karte ein ... Geheimzahl eingeben und „Bestätigen" drücken. Fehler aufgetreten ... Führen Sie Ihre EC-Karte ein ...

● Wie bitte?

Führen Sie Ihre EC-Karte ein ...

● Aber sie ist ja schon eingeführt ... Meine Karte!

■ Guten Morgen, was kann ich für Sie tun?

● Der Geldautomat ist blockiert und gibt mir meine Karte nicht zurück.

■ Vielleicht haben Sie die falsche Geheimzahl eingegeben ...

● Nein, nein, die Geheimzahl ist richtig, da bin ich mir sicher. Was muss ich tun, um meine Karte zurückzubekommen?

■ Machen Sie sich keine Sorgen, in ein paar Tagen schicken wir sie an Ihre Bank.

● Was? In ein paar Tagen? Kann ich sie nicht sofort zurückbekommen? Ich muss das Hotel bezahlen und überhaupt, was mache ich ohne Geld im Urlaub?

■ Tja, dann muss uns Ihre Bank eine E-Mail mit der Genehmigung schicken. Das sind leider unsere Bestimmungen ...

● O.K. Wie ist Ihre E-Mail-Adresse?

K Hè?

Voer uw bankpas in...

K Maar hij is toch al ingevoerd ... Mijn pas!

B Goedemorgen, wat kan ik voor u doen?

K De geldautomaat is geblokkeerd en geeft mijn pinpas niet terug.

B Misschien heeft u de verkeerde code ingetoetst ...

K Nee, nee, de code is juist, dat weet ik zeker. Wat moet ik doen om mijn pas terug te krijgen?

B Maakt u zich geen zorgen, over een paar dagen sturen we hem naar uw bank.

K Wat? Over een paar dagen? Kan ik hem niet meteen terugkrijgen? Ik moet het hotel betalen en hoe dan ook, wat doe ik zonder geld op vakantie?

B Tja, dan moet uw bank ons een e-mail sturen met de machtiging. Dat zijn helaas onze regels ...

K OK. Wat is uw e-mailadres?

Oefeningen 9A

2.

1. Ik moet het hotel **betalen**.
2. Uw bank moet ons een e-mail **sturen**.
3. De code **is** juist!
4. Ik **weet** het zeker.
5. **Maakt** u zich geen zorgen.
6. De bankautomaat is **geblokkeerd**.

3.

1. ingetoetst
2. gecorrigeerd
3. ingevoerd
4. bevestigd
5. gestuurd
6. geannuleerd

4.

1. Twintig plus veertien is vierendertig.
2. Vierendertig min tweeëndertig is twee.
3. Twee plus zeventien is negentien.
4. Negentien plus vijfenvijftig is vierenzeventig.
5. Vierenzeventig min tweeënveertig is tweeëndertig.
6. Tweeëndertig min negentien is dertien.
7. Dertien plus zesendertig is negenenveertig.
8. Negenenveertig min tien is negenendertig.
9. Negenendertig min veertien is vijfentwintig.
10. Vijfentwintig plus dertig is vijfenvijftig.
11. Vijfenvijftig min negen is zesenveertig.
12. Zesenveertig plus zesentwintig is tweeënzeventig.

Dialog 9B

● Hallo, ich nehme diese Postkarte und eine Briefmarke. Und diese Zeitung, bitte.

■ Das macht sechs Euro fünfzig.

● Ich möchte auch ein Päckchen schicken, ist das möglich?

- ■ Leider nein, für Päckchen müssen Sie zur Post gehen. Es gibt eine in der Nähe, direkt um die Ecke ...
- ● O.K., vielen Dank. Auf Wiedersehen.

...

- ▲ Der Nächste, bitte!
- ● Guten Morgen, ich möchte dieses Päckchen nach Deutschland schicken.
- ▲ Standard oder Express?
- ● Wie bitte? Das habe ich nicht verstanden ...
- ▲ Wollen Sie das Päckchen mit normaler Post oder besonders schnell schicken?
- ● Ah, jetzt verstehe ich ... Normal ist O.K., danke.
- ▲ Das macht dann sieben Euro, bitte.

Kann die Kundin im „kiosk" ein Päckchen verschicken? **Nein, für das Päckchen muss sie auf die Post.**

Oefeningen 9B

2.

4 Is de postzegel voor Nederland?
3 En ik heb ook een postzegel nodig.
6 Dat is dan drie euro.
1 Hallo, ik neem deze ansichtkaart.
2 Ziezo.
5 Nee, voor Duitsland.

3. 1. – b., 2. – b., 3. – b., 4. – a.

Hörtext:

- ● Goedemiddag, zegt u het maar.
- ■ Goedemiddag, ik wil graag dit pakje versturen.
- ● Standaard of met spoed?
- ■ Standaard, alstublieft. En ik heb ook een postzegel voor een ansichtkaart nodig.
- ● Ziezo. Dat is dan negen euro zeventig.

4.

1. Ik wil graag dit pakket naar Duitsland sturen.
2. Ik wil graag deze ansichtkaart naar Oostenrijk sturen.
3. Ik wil graag deze brief naar Zwitserland sturen.
4. Ik wil graag deze pakjes naar Frankrijk sturen.
5. Ik wil graag deze ansichtkaarten naar België sturen.
6. Ik wil graag deze brieven naar Spanje sturen.

Lektion 10

Das liebe Wetter

Foto oben links – 4., Foto oben rechts – 2., Foto unten links – 5., Foto unten Mitte – 3., Foto unten rechts – 1.

Dialog 10A

- ● Hallo, den „Telegraaf" und eine Einstunden-Fahrkarte, bitte.
- ■ Das macht dann fünf Euro siebzig.
- ● Was kostet eine Tageskarte? Oder eine Wochenkarte?
- ■ Eine Tageskarte kostet acht Euro und eine Wochenkarte sechsunddreißig Euro.
- ● Dann nehme ich eine Tageskarte. Wie komme ich zum Flughafen?
- ■ Sie nehmen den Bus 197 nach Schiphol, der fährt viermal pro Stunde und Sie müssen nicht umsteigen. Von Amsterdam Süd können Sie die Linie 310 nehmen. Nach vier Haltestellen steigen Sie am Schiphol Plaza aus.
- ● O.K., danke schön.
- ■ Aber aufgepasst, am Donnerstag ist Streik!
- ● Oh, ausgerechnet am Donnerstag? Und was mache ich dann?
- ■ Dann müssen Sie ein Taxi nehmen ...

Für wann ist ein Streik vorhergesagt? **Für Donnerstag.**

Oefeningen 10A

2.

1. **Hij** geeft een kaart aan **haar**.
2. **Hij** is van **hem**.
3. **Zij** ziet **hen**.
4. **Hij** wil **hem** niet teruggeven.
5. **Hij** gaat **ons** bellen.
6. **Jullie** bezoeken **ons**.

3.

1. Let op, maandag is er een staking! – Oh nee, uitgerekend maandag? 2. Let op, dinsdag is er een staking! – Oh nee, uitgerekend dinsdag? 3. Let op, woensdag is er een staking! – Oh nee, uitgerekend woensdag? 4. Let op, donderdag is er een staking! – Oh nee, uitgerekend donderdag?

5. Let op, vrijdag is er een staking! – Oh nee, uitgerekend vrijdag? 6. Let op, zaterdag is er een staking! – Oh nee, uitgerekend zaterdag? 7. Let op, zondag is er een staking! – Oh nee, uitgerekend zondag?

4.

1. Hoeveel kost een **weekpas**?
2. U rijdt **tot** aan het eindstation.
3. Er is een staking, u **moet** een taxi nemen.
4. Het zijn zes **haltes** tot aan het Leidseplein.
5. Sorry, welke **lijn** moet ik nemen?

5.

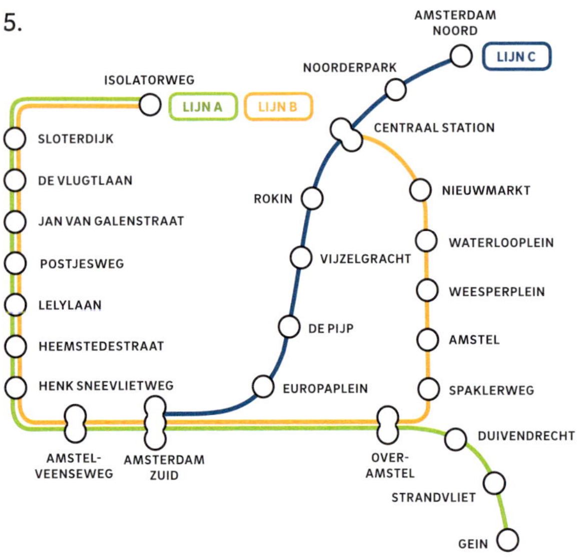

Dialog 10A

- Sind Sie frei?
- Ja, bitte. Geben Sie mir das Gepäck. Wohin müssen Sie?
- Zum Flughafen, bitte.
- Reisen Sie schon ab? Gefällt Ihnen Amsterdam nicht?
- Doch, sehr ... Und dann ist es sogar sonnig und warm ... Aber ich muss zurück zu meiner Arbeit ...
- Ja, Sie haben recht, es ist wirklich schönes Wetter ... Aber nächste Woche soll es regnen, wissen Sie das? Sie reisen gerade rechtzeitig ab ... Aber woher kommen Sie (denn)?
- Ich bin Deutscher.
- Ah, ich verstehe. Aber wenigstens dieses Jahr geht es Bayern München gut, nicht wahr? Mögen Sie Fußball? Für welche Mannschaft sind Sie?
- Hm, ehrlich gesagt ...
- Ich bin Ajax-Fan, wissen Sie. Für mich ist der AFC Ajax alles!

- **Bent** u vrij?
- Ja hoor, tot uw dienst. Geeft u mij de bagage maar. Waar moet u heen?
- Naar de luchthaven, alstublieft.
- Vertrekt u **al**? Bevalt Amsterdam u niet?
- Jawel, heel erg ... En het is zelfs zonnig en warm ... Maar ik moet terug naar mijn werk ...
- Ja, u heeft gelijk, het is echt een lekker weertje ... Maar volgende week zou het gaan regenen, wist u dat? U vertrekt net op tijd ... Maar waar komt u dan **vandaan**?
- Ik ben **Duitser**.
- Ah, ik begrijp het. Maar tenminste doet Bayern München het dit jaar goed, of niet? Houdt u **van** voetbal? Voor welke ploeg bent u?
- Hmm, eerlijk gezegd ...
- Ik ben Ajaxfan, weet u. Voor mij is AFC Ajax alles!

Oefeningen 10B

2. 1. – b., 2. – e., 3. – a., 4. – b., 5. – d., 6. – c.

3. 1. – a., 2. – b., 3. – a., 4. – b.

Hörtext:

- Bent u vrij?
- Ja hoor, tot uw dienst. Waar moet u naartoe?
- Naar de luchthaven, alstublieft. Jezus, wat een regen!
- Vertrekt u al? Bevalt Amsterdam u niet?
- Jawel, heel erg ... Maar ik moet terug naar mijn werk, in Bern.
- Aha, u bent Zwitser?
- Nee, eigenlijk ben ik Italiaan, maar ik woon en werk in Zwitserland.
- Aha, en wat doet u voor werk?
- Ik ben journalist.
- Houdt u van voetbal?
- Eigenlijk ...
- Ik ben fan van FC Den Haag. Voor mij is voetbal alles!

4.

1. Het is vandaag heet.
2. Het is koud en het sneeuwt.

3. Het weer is mooi en de zon schijnt.
4. Het weer is slecht en het is mistig.
5. Het is bewolkt en er is veel wind.
6. Volgende week gaat het regenen.

Lektion 11

Bringen Sie Farbe in Ihr Niederländisch!

1. gelb, 2. blau, 3. grün, 4. rot, 5. rosa, 6. orange, 7. lila, 8. weiß

Dialog 11A

- ● Wer ist dran?
- ■ Ich. Ich hätte gern ein Kilo Tomaten.
- ● Sind diese recht? ... Bitte schön. Darf's sonst noch etwas sein?
- ■ Ja, rote Paprikas und einen Kopf Salat, bitte.
- ● Wie viele Paprikas möchten Sie?
- ■ Ich hätte gern drei (davon) ... Haben Sie auch Käse?
- ● Natürlich. Möchten Sie lieber jungen oder gereiften?
- ■ Gereiften, bitte ...
- ● Also ein schönes Stück Oud Amsterdam ... Ist es so recht?
- ■ Ein bisschen mehr, bitte ... Ja, so ist es gut.
- ● Bitte schön. Darf's sonst noch etwas sein?
- ■ Nein, das ist alles, danke. Wie viel macht das zusammen?
- ● Das macht fünfzehn Euro.
- ■ Bitte sehr(, mein Herr).
- ● Danke und auf Wiedersehen!

Kauft die Kundin außer Gemüse noch etwas, und wenn ja, was? **Ja, sie kauft noch Käse.**

Oefeningen 11A

2. 1. – b., 2. – a., 3. – a., 4. – b.

3.

1. Ik neem een kilo appels, alstublieft.
2. Ik neem 400 gram perziken, alstublieft.
3. Ik neem een pond tomaten, alstublieft.
4. Ik neem twee kilo aardappelen, alstublieft.
5. Ik neem een ons jonge kaas, alstublieft.
6. Ik neem 200 gram spek, alstublieft.

4. 1. – d., 2. – b., 3. – f., 4. – c., 5. – a., 6. – e.

Dialog 11B

- ● Guten Morgen, kann ich Ihnen helfen?
- ■ Ja, ich würde gern das Kleid aus dem Schaufenster anprobieren.
- ● Das grüne mit Streifen?
- ■ Ja, genau. Haben Sie es in Größe 40?
- ● Ja natürlich, einen Moment ... Bitte schön. Wenn Sie es anprobieren wollen, die Umkleidekabinen sind dort.

...

- ● Also, passt es gut?
- ■ Ich weiß nicht, es kommt mir ein bisschen zu eng vor ... Was meinen Sie? Eine Nummer größer ist vielleicht besser?
- ● Aber nein! Ich finde, es ist perfekt so ... Es steht Ihnen sehr gut ...
- ■ Finden Sie? Gut, dann nehme ich es. Und ich brauche auch ein Paar Schuhe, elegante, mit hohem Absatz ...
- ● Was für eine Schuhgröße haben Sie?
- ■ Ich habe Größe 39 ... Und dann suche ich auch eine Tasche, einen Gürtel, einen ...

- ● Goedemorgen, kan ik u **helpen**?
- ■ Ja, ik wil graag het jurkje uit de etalage passen.
- ● Dat **groene** met strepen?
- ■ Inderdaad. Heeft u het in maat 40?
- ● Ja natuurlijk, een momentje ... Alstublieft, hier is het. Als u het wilt passen, **daar** zijn de paskamers.

...

- ● En, zit het lekker?
- ■ Ik weet niet, het lijkt me wat strak ... Wat vindt u? Een maatje **groter** is misschien beter?
- ● Maar nee! Ik vind het perfect zitten ... Het staat u beeldig ...
- ■ Vindt u? Goed, dan neem ik het. En ik heb ook een paar schoenen nodig, chique, met hoge hakken ...
- ● Welke schoenmaat heeft u?
- ■ Ik heb maat 39 ... En dan **zoek** ik ook nog een handtas, een riem, een ...

Oefeningen 11B

2.

1. Hoeveel kost **deze / die** handtas?
2. Hoe zit **dit / dat** jurkje?
3. Ik hou niet van **deze / die** sokken.
4. Wat is **deze / die** broek mooi!
5. Heeft u **dit / dat** hemd ook in het rood?
6. **Deze / Die** spijkerbroek zit te strak.

3. 1. – b., 2. – a., 3. – b., 4. – b.

Hörtext:

- Goededag, ik wil graag het bloesje uit de etalage passen.
- Het gele?
- Nee, het blauwe.
- Goed, welke maat heeft u?
- 42.
- Alstublieft. Daar zijn de paskamers.
- Dank u wel.

(...)

- En, zit het goed?
- Het lijkt me een beetje wijd. Heeft u een maatje kleiner?

4. 1. – b., 2. – a., 3. – b., 4. – a.

Lektion 12

Wo drückt's denn?

1. – g., 2. – e., 3. – c., 4. – a., 5. – f., 6. – b., 7. – d., 8. – h., 9. – i.

Dialog 12A

- Hallo, bitte schön.
- Ich hätte gern eine Packung Aspirin®, bitte ... und auch etwas gegen Übelkeit.
- Ja, natürlich ... Aber was genau fehlt Ihnen denn?
- Mir dreht sich der Kopf, mir ist übel – und ich meine, ich habe auch ein bisschen Fieber ...
- Haben Sie heute etwas Ungewöhnliches gegessen?
- Nein, nein, nur Miesmuscheln mit einem Glas Weißwein. Danach habe ich den ganzen Nachmittag am Strand in der Sonne gelegen ... Also nichts Besonderes.
- Na ja, wahrscheinlich haben Sie einen Sonnenstich. Ich gebe Ihnen dieses Medikament. Nehmen Sie es dreimal am Tag. Und vor allem sollen Sie viel Wasser trinken und sich ausruhen. Und ich rate Ihnen, ein paar Tage nicht in die Sonne zu gehen und keinen Alkohol zu trinken.

Kann der Apotheker dem Kunden helfen? Wenn ja, wie? **Ja, der Apotheker gibt dem Kunden ein Medikament gegen Sonnenstich. Zudem rät er dem Kunden, viel Wasser zu trinken und sich auszuruhen. Er soll auch ein paar Tage nicht in die Sonne gehen und keinen Alkohol trinken.**

Oefeningen 12A

2.

1. Goededag, ik wil graag een **doosje aspirine**®, alstublieft.
2. Alstublieft, maar wat is er precies aan de **hand**?
3. Mijn **hoofd** doet pijn.
4. En ik denk dat ik een beetje **koorts** heb.
5. Dan geef ik u dit **medicijn**.
6. U moet het drie **keer** per dag nemen, na het eten.

3.

1. Wat is er aan de hand? – **Mijn hoofd** doet pijn.
2. Wat is er aan de hand? – **Mijn arm** doet pijn.
3. Wat is er aan de hand? – **Mijn rug** doet pijn.
4. Wat is er aan de hand? – **Mijn knie** doet pijn.
5. Wat is er aan de hand? – **Mijn voet** doet pijn.
6. Wat is er aan de hand? – **Mijn enkel** doet pijn.

4.

1. Mijn hoofd draait.
2. Wat is er precies aan de hand?
3. U moet rusten.
4. Heeft u iets abnormaals gegeten?
5. U heeft een zonnesteek.
6. Ik heb de hele namiddag in de zon gelegen.

Dialog 12B

- Guten Morgen(, die Dame). Nehmen Sie bitte Platz. Der Doktor wird Sie gleich empfangen.
- Danke. Nur eine Frage: Meine deutsche Krankenversicherung ist doch auch in den Niederlanden gültig?
- Natürlich! Schauen Sie, der Doktor ist frei. Kommen Sie, bitte.

...

- Guten Morgen, Herr Doktor.
- Guten Morgen, nehmen Sie Platz. Was kann ich für Sie tun?
- Gestern bin ich ganz zum Strand gelaufen und als ich zurückkam … Ich weiß nicht, heute tut mir der Knöchel weh, er ist ganz geschwollen und ich kann mich nicht auf den Fuß stützen.
- Hm, mal sehen. Legen Sie sich auf die Liege. Wo tut es Ihnen weh? Hier?
- Au! Ja, genau da. Was meinen Sie, ist er gebrochen?
- Nein nein, ich denke nicht. Wir machen zur Sicherheit ein Röntgenbild, aber ich bin mir fast sicher, dass es nichts Ernstes ist.
- Hoffen wir es! Wissen Sie, ich bin genau deshalb in die Niederlande gekommen, um spazieren zu gehen …
- Wahrscheinlich ist es nur eine Zerrung. Inzwischen verschreibe ich Ihnen eine Salbe und ein Schmerzmittel …

- Goedemorgen, mevrouw. Gaat u **maar** zitten. De dokter zal u zo ontvangen.
- Dank u wel. Een vraagje: mijn Duitse ziekteverzekering is toch ook **geldig** in Nederland?
- Natuurlijk! Ah, kijk eens aan, de dokter is vrij. Komt u maar.

…

- Goedemorgen, dokter.
- Goedemorgen, neemt u plaats. Wat kan ik voor u **doen**?
- Gisteren ben ik helemaal naar het strand gewandeld en toen ik terugkwam … Ik weet niet, vandaag doet mijn enkel pijn, hij is helemaal gezwollen en ik kan niet op mijn voet steunen.
- Hm, we zullen eens kijken. Gaat u maar even op het bed **liggen**. Waar doet het pijn? Hier?
- Auw! Ja, daar is het. Denkt u dat hij gebroken is?
- Nee nee, ik denk het niet. Voor alle zekerheid maken we een röntgenfoto, maar ik weet bijna zeker dat het niets ernstigs is.
- Laten we hopen! Weet u, ik ben speciaal naar Nederland gekomen om te wandelen …
- **Waarschijnlijk** is het alleen maar een verrekking. In de tussentijd schrijf ik u een zalf en pijnstillers voor …

Oefeningen 12B

2. 1. – b., 2. – a., 3. – b., 4. – a.

Hörtext:

- Goedemiddag, ik voel me niet zo goed. Kunt u mij iets geven?
- Natuurlijk, maar wat is er precies aan de hand?
- Ik voel me echt heel slecht. Mijn buik doet pijn en ik ben misselijk.
- Heeft u iets abnormaals gegeten?
- Ik weet niet, gisteren was ik op de markt en ik heb een broodje haring gegeten.
- Waarschijnlijk heeft u een indigestie. Ik geef u dit medicijn. U moet het twee keer per dag nemen en licht eten.

3.

1. Hij **is** naar Nederland **gekomen** om te wandelen.
2. Jij **hebt** Skype™ toch al **geïnstalleeerd**, of niet?
3. Ik **heb** dit nummer **gedraaid**, maar het werkt niet.
4. U **bent** drie dagen geleden naar Gent **gekomen**, nietwaar?
5. Wij **hebben** het wachtwoord **ingegeven**.
6. Zij **hebben** uw creditcard **geblokkeerd**.

4. 1. – c., 2. – d., 3. – b., 4. – a.

Test 2

1. 1. – a., 2. – c., 3. – a., 4. – c., 5. – b., 6. – a.

2. 1. – e., 2. – f., 3. – h., 4. – a., 5. – b., 6. – g., 7. – d., 8. – c.

3. Mögliche Lösungen:

1. Sie sind in einem Restaurant und möchten bestellen. Der Kellner kommt.

- Hier is de menukaart. Wat wenst u?
- Ik wil graag een voorgerecht. Zit er vlees in de kaaskroketten?
- Nee. Neemt u ook een hoofdgerecht?
- Ja, de mosselen natuur, alstublieft. En welke wijn kunt u ons aanbevelen?

2. Sie sind auf der Post und wollen ein Paket nach Hause schicken.

- Goedemorgen, ik wil graag een pakket naar Duitsland sturen.
- Standaard of met spoed?

- ■ Normaal is prima, dank u.
- ● Dat is dan zeven euro, alstublieft.

3. Sie sind auf der Bank wegen eines Problems mit Ihrer EC-Karte.

- ■ Goedemorgen, wat kan ik voor u doen?
- ● Ik ben een toerist uit Duitsland/Oostenrijk/ Zwitserland en ik heb een probleem met mijn bankpas. De bankautomaat geeft hem niet terug. Wat moet ik doen?
- ■ Tja, dan moet uw bank ons een e-mail/een machtiging sturen.
- ● OK, maar wat moet ik doen om mijn bankpas terug te krijgen? Ik moet mijn hotel betalen!

4. Sie erkundigen sich nach der besten Verbindung, z. B. zum Flughafen.

- ■ Sorry, hoe kom ik bij de luchthaven?
- ● U neemt bus 197 naar Schiphol en u gaat vier haltes.
- ■ En waar moet ik uitstappen?
- ● U stapt op Schiphol Plaza uit. En dan is het niet ver meer.

5. Sie kaufen als Selbstversorger Obst und Gemüse auf einem Markt ein.

- ■ Wie is er aan de beurt?
- ● Ik. Een kilo tomaten graag en ook twee rode paprika's.
- ■ Alstublieft, mevrouw. Anders nog iets?
- ● Nee, dat is alles, dank u. Hoeveel is het?

6. Sie haben Beschwerden und suchen die nächste Apotheke auf.

- ■ Wat is er precies aan de hand?
- ● Ik heb koorts/een verkoudheid en mijn buik/ hoofd doet pijn.
- ■ Heeft u vandaag iets abnormaals gegeten?
- ● Nee, alleen maar mosselen.

4. 1. Kunt u mij helpen? 2. Eet smakelijk! 3. Is het zo goed? 4. U heeft gelijk! 5. De rekening, alstublieft! 6. Jammer genoeg niet. 7. Geen probleem. 8. Is het pikant?

Alphabetischer Wortschatz Niederländisch – Deutsch

Die Zahl verweist auf die Lektion, in der das Wort zum ersten Mal erscheint. Das Geschlecht ist mit *de* für männliche und weibliche und *het* für sächliche Hauptwörter angegeben. Die weibliche Form der Nationalitäts- und Berufsbezeichnungen ist jeweils nach dem Schrägstrich angegeben. Wo diese Angabe fehlt, ist die weibliche Form mit der männlichen identisch. Mit VL sind Wörter gekennzeichnet, die in Flandern gebräuchlich sind, aber in den meisten Fällen auch in den Niederlanden benutzt und verstanden werden.

A

aan an, zu 3
aanbevelen empfehlen 7
aangenaam angenehm, sehr erfreut 1
aangetekend eingeschrieben 9
aankijken ansehen 7
aankomen ankommen 3
aanraden empfehlen, (an)raten 7
aansluiting, de Verbindung 3
aansteker, de Feuerzeug 9
aanzetten einschalten 8
aardappel, de Kartoffel 11
abnormaal *hier:* ungewöhnlich 12
abonnement, het Abonnement 10
absoluut absolut 4
acht acht 1
achteraan hinten 7
achterkant, de Rückseite 5
achtste achte/r/s 5
achttien achtzehn 2
adres, het Adresse 4
advocaat / advocate, de Anwalt / Anwältin 2
afhalen *(Geld)* abheben, ziehen 9
afrekenen (be)zahlen 7
afslaan abbiegen 6
afsluiten abschließen, beenden 8
afvoer, de Abfluss 5
airco(nditioning), de Klimaanlage 5
Aken Aachen 2
al schon, bereits 10
alcohol, de Alkohol 12
allebei beide 2
alleen allein, nur 2
allergie, de Allergie 12
allergisch voor allergisch auf 7
alles alles 5
als *(Konjunktion und Vergleichswort)* als, wenn 7
alsmaar immer(zu) 6
alstublieft bitte 3
altijd immer 6
alweer nochmal, schon wieder 2
anders anders, sonst 4
annuleren abbrechen 9
ansichtkaart, de Postkarte 9
apart getrennt 4
apenstaartje, het at-Zeichen, „Klammeraffe" 4
aperitiefhapje, het Appetithappen 7
apotheek, de Apotheke 12
apotheker / apothekeres, de Apotheker / Apothekerin 12
appartement, het Apartment 4
appel, de Apfel 11
appelflap, de Apfeltasche 7
appelsien, de VL Orange 11
april, de April 4
architect / architecte, de Architekt / Architektin 2
arm, de Arm 12
arts, de Arzt / Ärztin 2
asbak, de Aschenbecher 5
aspirine®, de Aspirin® 12
augustus, de August 4
auto, de Auto 5
avond, de Abend 1
azijn, de Essig 7

B

baas, de Chef / Chefin 1
badlaken, het Badetuch 5
bagage, de Gepäck 5
bakker, de Bäcker / Bäckerin 2
bank, de Bank 2
bankautomaat, de Geldautomat 9
bankgegevens, de Bankverbindung 9
bankier, de Bänker 2
bankkaart, de VL Bankkarte, EC-Karte 9
bankpas, de Bankkarte, EC-Karte 9
Bazel Basel 2
bed & breakfast, de Frühstückspension 4
bed, het Bett 4
bedankt danke 1
beeldig reizend, hübsch 11
been, het Bein 12
beetje bisschen 4
begane grond, de Erdgeschoss 5
beginnen beginnen 8
begrijpen verstehen, begreifen 4
Beieren Bayern 2
belangrijk wichtig 1
Belg / Belgische, de Belgier / Belgierin 2
België Belgien 2
bellen anrufen 5
Berlijn Berlin 2
beroep, het Beruf 2
beste beste/r/s 2
bestellen bestellen 7

betaalpas, de Bankkarte, EC-Karte 9
betalen (be)zahlen 5
beter besser 7
beurt, de: aan de beurt zijn Reihe: an der Reihe sein 11
bevallen gefallen; entbinden 5
bevestigen bestätigen 9
bevestiging, de Bestätigung 4
bewijs van ontvangst, het Empfangsbestätigung 9
bewolkt bewölkt 10
bezoeken besuchen 10
bier, het Bier 6
bij bei 2
bijna beinahe 12
bijten beißen 12
bijwonen teilnehmen 6
bijzetten dazustellen 4
bioscoop, de Kino 6
blauw blau 11
blijven bleiben 5
blik(je), het Dose 11
bloeddruk, de Blutdruck 12
bloem, de Blume; Mehl 11
bloes / blouse, de Bluse 11
blokkeren blockieren 9
boek, het Buch 11
boeken buchen 4
boekhouder / boekhoudster, de Buchhalter / Buchhalterin 2
boeking, de Buchung, Reservierung 5
boer / boerin, de Bauer / Bäuerin 2
boerderij, de Bauernhof 4
boodschappen doen einkaufen 11
borst, de Brust 12
bos, de Strauß *(Blumen)* 11
bovendien außerdem 5
braaf brav 9
brengen bringen 7
brief, de Brief 9
briefomslag, de (VL) Briefumschlag 9
broek, de Hose 11
broer, de Bruder 1
broers en zussen, de Geschwister 2
bromfiets, de Moped 3
brood, het Brot 7
broodje, het Brötchen 6
broodje gezond, het Brötchen mit Salat, Tomaten, Ei, Gurke etc. 6
broodje kaas, het Käsebrötchen 6
brug, de Brücke 6
bruin: bruin café, het braun: traditionelle Kneipe 6
buik, de Bauch 12
buikpijn, de Bauchschmerz(en) 12
bus, de Bus 3
bushalte, de Bushaltestelle 3
buurt, de: in de buurt Nähe: in der Nähe 3

C

café, het Kneipe 4
camerasymbool, het Kamera-Symbol 8
camper, de Wohnmobil 5
camping, de Camping 4
caravan, de Wohnwagen 5
cash, de Bargeld 5
centraal zentral, Zentral- 3
centraal station, het Hauptbahnhof 3
centrum, het Zentrum 4
chef, de Chef / Chefin 1
chef-kok, de Chefkoch 6
chic schick 11
cinema, de (VL) Kino 6
code, de Code 9
colbert(jasje), het Sakko 11
collega, de Kollege / Kollegin 1
computer, de Computer 2
concert, het Konzert 6
conducteur, de Schaffner 3
contact, het Kontakt 1
contant in bar 5
corrigeren korrigieren 9
creditcard, de Kreditkarte 9

D

daar da, dort 1
daarheen dahin 3
daarna danach 8
daarnaartoe dahin 3
daaropvolgende übernächste/r/s 3
dag, de Tag 1
dagkaart, de Tageskarte 10
dan dann 2
dank je / u (wel) danke schön, ich danke dir / Ihnen 1
dansen tanzen 6
das, de Krawatte 11
dat *(Demonstrativpronomen und Konjunktion)* das; dass 3; 8
december, de Dezember 4
deken, de / het (VL) Decke 5
demonstratie, de Demonstration, Vorführung 6
denken denken 12
derde dritte/r/s 5
dertien dreizehn 1
dertig dreißig 4
dessert, het Dessert, Nachspeise 7
deur, de Tür 5
deze / dit *(Demonstrativpronomen)* diese/r/s (hier) 2
diarree, de Durchfall 12
dicht geschlossen; nahe 3; 6
die *(Relativpronomen)* der / die / das 8
die / dat *(Demonstrativpronomen)* diese/r/s (da / dort) 9
dienst, de: tot uw dienst Dienst: bitte schön 10
dik dick 9
dinsdag, de Dienstag 5
direct direkt 3
disco, de Disko 6
dit das 1
dochter, de Tochter 2
doe maar jawohl 7
doeg / doei tschüss 1
doen machen, tun 2
dokter, de Arzt / Ärztin 2
donderdag, de Donnerstag 5
doosje, het Packung 12
douche, de Dusche 5
draaien (sich) drehen, *(eine Nummer)* wählen 12
drie drei 1
drinken trinken 7
druif, de Traube 11

druk, de: het druk hebben Druck, Zwang: sehr beschäftigt sein 1
drukken drücken 8
dubbel doppelt, Doppel- 4
Duitser / Duitse, de Deutscher / Deutsche 2
Duitsland Deutschland 2
duren dauern 6
dus also 12
duur teuer 4
duurzaam nachhaltig 6
duwen VL drücken *(Taste)* 8

E

echo, de Echo 8
echt echt, wirklich 3
echtgenoot, de (Ehe-)Mann 1
echtgenote, de (Ehe-)Frau 1
een / één ein/e 1
eenpersoonskamer, de Einbettzimmer 4
eerlijk gezegd ehrlich gesagt 10
eerste erster/e/es 1
eigenlijk eigentlich 10
eindelijk endlich 8
eindhalte, de Endhaltestelle 10
elf elf 1
elk jede/r/s 3
elkaar: bij elkaar einander: zusammen 11
e-mail, de E-Mail 4
e-mailadres, het E-Mail-Adresse 4, 9
en und 1
Engeland England 2
Engelsman / Engelse, de Engländer / Engländerin 2
enig kind, het Einzelkind 2
enkel, de Knöchel 12
enorm sehr, enorm 1
envelop(pe), de (Brief-)Umschlag 9
er is es gibt 4
erg schlecht, schlimm 6
ernstig ernst 12
error, de Fehler, Irrtum 9
ervoor dafür 8
erwtensoep, de VL dicke Erbsensuppe 7
etalage, de Schaufenster 11
eten essen 7
eten, het Essen 9
euro, de Euro 4
even mal, einen Moment 4
excuseer (me / mij) VL Entschuldigung, Verzeihung 2
extra extra, zusätzlich, *hier:* besonders 9

F

fan, de Fan 10
februari, de Februar 4
feest, het Fest 6
festival, het Festival 6
fiets, de Fahrrad 3
fiets(en)stalling, de Fahrradabstellplatz 3
fiets(en)verhuur, de Fahrradverleih 4
fietspad, het Radweg 10
fijn fein, schön, toll 9
film, de Film 6
filmtheater, het Kino 6
fles, de Flasche 7
Frankrijk Frankreich 2
Fransman / Française, de Franzose / Französin 2
friet, de Pommes frites 7

G

gaan gehen 1
garnaalkroket, de Garnelenkrokette 7
geachte heer, mevrouw sehr geehrte Damen und Herren 4
gebeuren geschehen 12
gebroken gebrochen 12
gebruiken benutzen, gebrauchen 8
geel gelb 11
geen kein/e 2
geheim: geheime code, de geheim: Geheimzahl, -code 9
geld, het Geld 9
geldautomaat, de Geldautomat 9
geldig gültig 12
geleden vor *(zeitlich)* 10
gelijk, het gelijk hebben Recht: recht haben 7
genieten genießen 9
genoeg genug 7
Gentse waterzooi, de ostflämischer Eintopf mit Huhn 7
gepensioneerde, de Rentner / Rentnerin 2
gerecht, het Gericht 6
gescheiden geschieden 2
gesloten geschlossen 3
gestrest / gestresseerd gestresst 1
getrouwd / gehuwd verheiratet 2
geven geben 4
gezellig gemütlich 7
gezond gesund 6
gezondheidsprobleem, het Gesundheitsproblem 12
gezwollen geschwollen 12
gisteren gestern 5
glas, het Glas 5
goed gut 1
goede / goeie reis gute Reise 1
goededag / goeiedag guten Tag 1
goedemiddag / goeiemiddag guten Mittag 1
goedemorgen / goeiemorgen guten Morgen 1
goedenavond / goeienavond guten Abend 1
gordijn, het Vorhang, Gardine 5
Gouds aus Gouda 6
graag: graag gedaan / ik had graag ... gern: bitte, gern geschehen / ich hätte gern ... 2
gram, de Gramm 11
gratis gratis, kostenlos 8
griep, de Grippe 12
grijs grau 11
groen grün 11
groet, de Gruß 9
groot groß 5
grootmoeder, de Großmutter 2
grootouders, de Großeltern 2
grootvader, de Großvater 2
gsm, de VL Handy 8

gsm-nummer, het VL Handynummer 4

H

half halb 3
halfpension, het Halbpension 5
halfuur, het halbe Stunde 6
hallo hallo 1
halte, de Haltestelle, Station 3
hand, de: wat is er aan de hand? Hand: was ist los / passiert? 12
handdoek, de Handtuch 5
handschoen, de Handschuh 11
handtas, de Handtasche 11
hard hart, laut 4
haring, de Hering 6
hartelijk: hartelijk dank herzlich: herzlichen / vielen Dank 3
haven, de Hafen 10
hè he 9
hebben haben 2
heel sehr, ganz 1
heen: waar ... heen? hin: wohin? 10
heerlijk herrlich 7
heet heiß 10
hekje, het Hashtag 8
helaas leider 3
helemaal ganz, völlig, vollständig 5
helpen helfen 4
hem ihn, ihm 7
hemd, het Hemd 11
herhalen wiederholen 4
het *(sächlicher Artikel)* der / die / das 1
het is goed zo stimmt so 10
het maakt niet uit das macht nichts 3
het niet doen nicht funktionieren 8
het spijt me es tut mir leid 1
heten heißen 2
hetzelfde dasselbe 5
hier hier 3
hieruit hieraus, daraus 10
hij er 1
hoe wie 1
hoe dan ook wie auch immer 9
hoe gaat het (ermee / met jou)? wie geht's (Ihnen / dir)? 1
hoe lang? wie lange? 4
hoek, de: om de hoek Ecke: um die Ecke 6
hoestsiroop, de Hustensirup 12
hoeveel wie viel 4
hoi (jongens / meiden) hallo (Jungs / Mädels) 1
hond, de Hund 12
honderd hundert 4
hoofd, het Kopf 12
hoofdgerecht, het Hauptgericht 7
hoofdpijn, de Kopfschmerz(en) 12
hoog hoch 12
hoor: ja hoor / nee hoor *Ausdruck zur Verstärkung einer Aussage*: jawohl / nein nein 3
hopelijk hoffentlich 9
hopen hoffen 9
horen hören 8
hotel, het Hotel 4
houden van: meer houden van lieben, mögen: lieber mögen 6
huisvrouw/-man, de Hausfrau /-mann 2
huiswijn, de Hauswein 7
hulp, de Hilfe 5
huren mieten 4

I

IBAN-code, de IBAN-Code 9
identificatiebewijs, het Ausweis 5
identiteitskaart, de Personalausweis 5
iemand jemand 5
iets etwas 6
ik ich 1
in in 1
in de tussentijd in der Zwischenzeit 12
in orde in Ordnung, O.K. 3
inbegrepen inbegriffen 5
inchecken einchecken 5
inderdaad in der Tat, tatsächlich, ja genau 7
indigestie, de Magenverstimmung 12
ingenieur, de Ingenieur / Ingenieurin 2
ingeven eingeben 12
ingipsen eingipsen 12
inschakelen einschalten 8
insgelijks ebenfalls 1
installeren installieren 12
interessant interessant 2
internet, het Internet 4
intoetsen eingeben 9
invoeren eingeben, einführen 8
Italiaan / Italiaanse, de Italiener / Italienerin 2
Italiaans italienisch 10
Italië Italien 2

J

ja ja 4
ja hoor bitte (schön) 2
jaar, het Jahr 2
jam, de Marmelade 11
jammer schade 1
jammer genoeg leider 4
januari, de Januar 4
jas, de Jacke 11
jawel *hier:* doch 10
jazeker ja, sicher 5
je *(unbetont)* du, dir, dich, dein/e, euer/eure 1
jeans, de Jeans 11
jeugdherberg, de Jugendherberge 4
jij *(betont)* du, dir, dich 1
jong jung 11
jongen, de Junge 4
jou dir, dich 1
journalist(e), de Journalist / Journalistin 2
journalistiek, de Journalismus 2
jouw *(betont)* dein/e 1
juist richtig 8
juli, de Juli 4
jullie ihr, euch, euer/eure 1
juni, de Juni 4
jurk, de Kleid 11

K

kaartje, het Fahrkarte, Ticket 10
kaartjesloket, het Fahrkartenschalter 10
kaas, de Käse 6
kamer, de Zimmer 4
kantoor, het Büro 2
kapper / kapster, de Friseur / Friseurin 2
kapstok, de (VL) Kleiderbügel 5
karnemelk, de Buttermilch 11
kassa, de Kasse 6
kast, de Schrank 5
kauwgom, de Kaugummi 9
keelpijn, de Halsschmerz(en) 12
keer: drie keer Mal: dreimal 10
kelner, de Kellner / Kellnerin 7
kerk, de Kirche 6
keuken, de Küche 7
Keulen Köln 2
keuze, de: zijn keuze maken (Aus-)Wahl: seine (Aus-)Wahl treffen 7
kies, de Backenzahn 12
kiespijn, de (Backen-)Zahnschmerz(en) 12
kijken schauen, gucken 4
kijk eens aan … sehen Sie mal … 7
kilo, de Kilo 11
kind, het Kind 1
kinderbedje, het Kinderbett 4
kiosk, de Kiosk, Zeitungsladen 9
klaar klar, bereit 7
kleerhanger, de Kleiderbügel 5
klein klein 6
kleine letter, de Kleinbuchstabe 8
kleinkind, het Enkelkind 2
kleur, de Farbe 11
klikken op klicken auf 8
kloppen: dat klopt klopfen, schlagen: das stimmt 11
knie, de Knie 12
knop, de Knopf, Button 8
knuffel, de Umarmung, Liebkosung 9
koffer, de Koffer 3
koffie, de Kaffee 6
koffie verkeerd, de Milchkaffee 6
koffietje, het (VL) Kaffee 7
kofschip, het Kuff *(historisches Segelschiff zur Beförderung von Frachten)* 9
kokkel, de Herzmuschel 7
komen: komt er zo aan! kommen: kommt sofort! 2
konijn, het Kaninchen 7
koning, de König 4
koninginnenhapje, het Blätterteigpastete 7
Koningsdag, de Königstag 6
kookboek, het Kochbuch 11
koorts, de Fieber 12
kop, de Tasse 7
kopen kaufen 3
koppelteken, het Bindestrich 8
koptelefoon, de Kopfhörer 8
kosten kosten 4
koud kalt 7
kraan, de (Wasser-)Hahn 5
krant, de Zeitung 9
krantenwinkel, de Kiosk, Zeitungsladen 9
kredietkaart, de (VL) Kreditkarte 5
kroeg, de Kneipe 6
kroket, de Krokette 7
krop, de Kopf *(Salat)* 11
kruidenthee, de Kräutertee 6
kruising, de Kreuzung 6
kruispunt, het Kreuzung 6
kunnen können 3
kussen, het Kissen 5
kwal, de Qualle 12
kwalijk schlecht, übel 3
kwart, het Viertel 3
kwartier(tje), het Viertelstunde 6
kwijt zijn verloren haben 9

L

laag niedrig 12
laat: hoe laat is het? spät: wie spät ist es? 3
laken, het Bettlaken 5
lamp, de Lampe 5
langs vorbei, entlang 8
langzaam langsam 4
laten lassen 8
lekker lecker, schön, angenehm 6
lepel, de Löffel 7
leraar / lerares, de Lehrer / Lehrerin 2
let op! Achtung! / Vorsicht! 10
leuk: leuk u te leren kennen schön, toll: schön, Sie kennenzulernen 1
leverpastei, de Leberpastete 11
lezen lesen 5
licht leicht 12
licht, het Licht 5
liefst am liebsten 9
liever lieber 7
lift, de Lift, Aufzug 5
liggen liegen 4
liggend streepje, het Bindestrich 8
lijken scheinen 11
lijn, de Linie 10
links links 5
linksaf nach links 6
liter, de Liter 7
loodgieter, de Klempner 2
lopen laufen 6
luchthaven, de Flughafen 10
lucifer, de Streichholz 9
luid laut 4

M

maand, de Monat 6
maandag, de Montag 5
maandpas, de Monatskarte 10
maar aber; doch, ruhig 1; 12
maart, de März 4
maat, de Größe 11
machtiging, de Genehmigung 9
makelaar / makelaarster, de Makler / Maklerin 2
maken machen 1
makkelijk leicht, einfach 10
man, de (Ehe-)Mann 1
markt, de Markt 11
medicament, het (VL) Medikament 12
medicijn, het Medikament 12
meebrengen mitbringen 7
meer mehr 11

mei, de Mai 4
melk, de Milch 7
meloen, de Melone 11
meneer, de Herr 1
menukaart, de Speisekarte 7
mes, het Messer 7
met mit 1
meteen sofort, gleich 5
metro, de U-Bahn 3
mevrouw, de Frau 1
micro(foon), de Mikrofon 8
middag, de Mittag 3
middernacht, de Mitternacht 3
mij mich, mir 4
mijn mein/e 1
min minus 3
minder weniger 11
minuut, de Minute 3
misschien vielleicht 8
misselijk: ik ben misselijk übel: mir ist übel 12
misselijkheid, de Übelkeit 12
missen vermissen 9
mistig neblig 10
mobielnummer, het Handynummer 4
mobieltje, het Handy 8
moe müde 1
moeder, de Mutter 2
moeten müssen 3
mogen dürfen 1
moment, het Moment 11
momenteel momentan 1
mooi schön, gut 10
morgen morgen 5
morgen, de Morgen 1
mossel, de Muschel 6
mp3-speler, de MP3-Player 8
mug, de Mücke 12
museum, het Museum 6

N

na nach 10
naam, de Name 2
naar nach 2
naar daar dahin 3
naar huis nach Hause 12
naast neben 6
nacht, de Nacht 4
nagerecht, het Nachspeise, Dessert 7
nakijken überprüfen 8
namiddag, de Nachmittag 12
natuurlijk natürlich, sicher 4
Nederland die Niederlande 2
Nederlander / Nederlandse, de Niederländer / Niederländerin 2
Nederlands, het Niederländisch 1
Nederlands niederländisch 1
Nedersaksen Niedersachsen 2
nee nein 2
neef, de Neffe / Cousin 2
neem me niet kwalijk Entschuldigung 2
negen neun 1
negende neunte/r/s 5
negentien neunzehn 2
negentig neunzig 4
nemen nehmen 3
net op tijd gerade rechtzeitig 10
nicht, de Nichte / Cousine 2
niet nicht 1
niets bijzonders nichts Besonderes 12
nietwaar? nicht wahr? 5
nodig: nodig hebben nötig, notwendig: brauchen 8
nog noch 2
nog eens noch einmal 8
normaal normal, *hier:* Normalpost 9
nou (ja) na ja 1
november, de November 4
nul Null 3
nummer, het Nummer 4

O

oefening, de Übung 1
oei oh je 1
of ob 6
of: of niet? / of wel? oder: nicht wahr / oder doch? 2
oktober, de Oktober 4
olie, de Öl 7
om um 3
omkeren umkehren, umdrehen 6
omslag, de (VL) Umschlag 9
onderweg unterwegs 3
onderzoek, het Untersuchung 12
onderzoeken doen Untersuchungen machen 12
ongehuwd unverheiratet 2
ongetrouwd unverheiratet 2
online online 8
ons uns 5
ons, het 100 Gramm 11
ontbijt, het Frühstück 4
ontvangen empfangen 12
onze / ons unser/e 1
oogopslag, de Blick 1
ooit je(mals) 10
ook auch 1
oom, de Onkel 2
Oostenrijk Österreich 2
Oostenrijker / Oostenrijkse, de Österreicher / Österreicherin 2
op auf, an 2
open offen, geöffnet 3
opereren operieren 12
oplossen lösen 8
opnemen *(Geld)* abheben, ziehen 9
optreden auftreten, passieren 9
opzetten (VL) einschalten 8
oranje orange 11
orde, de: in orde Ordnung: in Ordnung 9
oud alt 2
ouders, de Eltern 1
over über, *(Uhrzeit)* nach, *(zeitlich)* in 3
overstappen umsteigen 3
oversteken überqueren 3

P

paar, het Paar 5
paar paar 5
paars lila 11
pak, het Packung; Anzug 11
pakje, het Päckchen 9
pakket, het Paket 9
paprika, de Paprika 11
parade, de Parade, Umzug 6
parallelstraat, de Parallelstraße 6
parkeerplaats, de Parkplatz 4

partner, de Partner / Partnerin, Lebensgefährte / Lebensgefährtin 1
pas, de Bankkarte, EC-Karte; Abonnement 9; 10
pasje, het Bankkarte, EC-Karte 9
paskamer, de Umkleidekabine 11
paspoort, het Reisepass 5
passen passen; anprobieren 9; 11
pasta, de Pasta 7
paswoord, het VL Passwort 8
patat, de Pommes frites 7
peer, de Birne 11
pension, het Pension 4
peper, de Pfeffer 7
per pro 4
perfect großartig, perfekt 4
persoon, de Person 4
perzik, de Pfirsich 11
pijn, de Schmerz 12
pijn doen wehtun 12
pijnstiller, de Schmerzmittel 12
pikant scharf 7
pinnen abheben, *(Geld)* ziehen 9
pinpas, de Bankkarte, EC-Karte 9
pizzeria, de Pizzeria 4
plaats, de: plaats nemen Platz: Platz nehmen 2
plat water, het VL stilles Wasser 6
plein, het Platz 3
ploeg, de Mannschaft 10
plus plus 3
pond, het Pfund, halbes Kilo 11
post, de Post 6
postkaart, de Postkarte 9
postkantoor, het Post(amt) 9
postzegel, de Briefmarke 9
pot, de Becher, Glas 11
potje, het Gläschen 11
prachtig wunderschön 2
praten reden, sprechen 4
precies genau 5
prettig schön, angenehm 1
prijs, de Preis 5
prima prima 3
proberen probieren, versuchen 3
probleem, het: geen probleem Problem: keine Ursache 2
proeven probieren 6
pruim, de Pflaume 7
punt, de/het Punkt; Stück *(z. B. Torte)* 8; 11
puntje, het Pünktchen 4

R

raam, het Fenster 5
rauw roh 7
recept, het Rezept 12
receptie, de Rezeption 5
rechtdoor geradeaus 6
rechts rechts 6
rechtsaf nach rechts 6
regel, de Regel, Bestimmung 9
regenen regnen 10
reis, de: goeie reis Reise: gute Reise 1
reisgids, de Reiseführer 11
rekening, de Rechnung 5
rekeningnummer, het Kontonummer 9
relatie, de Beziehung 2
reserveren reservieren 4
reservering, de Reservierung 5
rest, de: de rest is voor u! Rest: stimmt so! 10
restaurant, het Restaurant 4
richting, de Richtung 3
riem, de Gürtel 11
rijden fahren 10
Rijnland-Palts Rheinland-Pfalz 2
rit, de Fahrt 10
rode wijn, de Rotwein 6
rok, de Rock 11
röntgenfoto, de Röntgenbild 12
rood rot 7
room, de Sahne 7
router, de Router 8
roze rosa 11
rug, de Rücken 12
rugpijn, de Rückenschmerz(en) 12
rusten sich ausruhen 12
rustig ruhig 5

S

saus, de Sauce 7
schaatsbaan, de Eisbahn 4
scherm, het Bildschirm 8
schijnen scheinen 10
schoen, de: schoen met hoge hakken Schuh: Stöckelschuh 11
schrijven schreiben 4
schuine streep, de Schrägstrich 8
seafood, de Meeresfrüchte 6
secretaresse, de Sekretärin 2
september, de September 4
serveren servieren 5
servet, het Serviette 7
sigaret, de Zigarette 9
signaal, het Signal, *hier:* Verbindung 8
sinaasappel, de Orange 11
sjaal, de Schal 11
sla, de Salat 11
slaapmiddel, het Schlafmittel 12
slapen schlafen 12
slash, de Schrägstrich 8
slecht schlecht 1
sleutel, de Schlüssel 5
sluiten schließen 5
smakelijk (eten)! guten Appetit! 6
smaken schmecken 7
sms, de SMS 8
sneeuwen schneien 10
snel schnell 9
snert, de dicke Erbsensuppe 7
sneu ärgerlich 1
soep, de Suppe 7
sok, de Socke 11
soms ab und zu 8
sorry Entschuldigung 1
spa blauw, de stilles Wasser 6
spa rood, de Sprudelwasser 6
Spanjaard / Spaanse, de Spanier / Spanierin 2
Spanje Spanien 2
speciaal speziell, besonders 12
specialiteit, de Spezialität 7
spek, het Speck 11
spellen buchstabieren 4
spijkerbroek, de Jeans 11

spoed, de: met spoed Geschwindigkeit: express 9
spoor, het Gleis 3
spoorweg, de Eisenbahn 3
spreken sprechen, reden 4
spuitwater, het VL Sprudelwasser 6
staan stehen *(auch Kleidung)* 11
stad, de Stadt 2
stadsplan, het VL Stadtplan 10
stadsplattegrond, de Stadtplan 10
staking, de Streik 10
stamppot, de Eintopfgericht 7
standaard Standard, *hier:* Normalpost 9
station, het Bahnhof, Station 3
steken stechen 12
ster, de Stern 4
steunen sich stützen 12
stoel, de Stuhl 5
stoemp, de VL Eintopfgericht 7
stoofvlees, het Schmorfleisch 7
stopcontact, het Steckdose 5
stoppen stoppen, anhalten 3
straat, de Straße 6
straatkant, de Straßenseite 5
strak eng, straff 11
strand, het Strand 4
streep, de Streifen 11
stroopwafel, de Karamellwaffel 7
student / studente, de Student / Studentin 2
studeren studieren 2
stuk, het Stück 11
sturen schicken 4
suite, de Suite 6
supermarkt, de Supermarkt 4

T

taalgebied, het Sprachgebiet 1
taart, de Torte 11
tablet, de Tablet(computer) 8
tachtig achtzig 4
tafel, de Tisch 5
tafeltje, het kleiner Tisch 7
tand, de Zahn 12
tandarts, de Zahnarzt / Zahnärztin 2
tandenstoker, de Zahnstocher 7
tandpijn, de Zahnschmerz(en) 12
tante, de Tante 2
tapijt, het Teppich 5
taxi, de Taxi 3
taxichauffeur, de Taxifahrer / Taxifahrerin 10
taxistandplaats, de Taxistand 3
te zu 6
team, het Team 10
tearoom, de Café 6
tegen gegen, zu 7
tegenover gegenüber 3
teken, het Zeichen 6
tekenen unterschreiben 5
telefoon, de Telefon 4
telefoonnummer, het Telefonnummer 4
televisie / tv, de Fernsehen 5
tenminste wenigstens, zumindest 10
tent, de Zelt 5
terug zurück 9
terugbellen zurückrufen 8
teruggeven zurückgeben 9
terugkomen zurückkommen 12
terugkrijgen zurückbekommen 9
terugnemen entnehmen 9
theater, het Theater 6
thee, de Tee 6
thriller, de Krimi 11
thuis zu Hause 9
ticket, het VL Ticket, Fahrkarte 10
tien zehn 1
tiende zehnte/r/s 5
tijd, de: op tijd Zeit: pünktlich 3
tijdens während 9
tijdschrift, het Zeitschrift 9
tja tja 9
toch doch 2
toen als *(zeitlich)* 12
toeristische dienst, de Touristeninformation 3
toilet, het Toilette 5
toiletpapier, het Toilettenpapier 5
tomaat, de Tomate 11
tomatensoep, de Tomatensuppe 7
tonijn, de Thunfisch 11
tot bis 1
tot binnenkort bis bald 2
tot gauw bis bald 1
tot later bis später 4
tot straks bis nachher 1
tot ziens auf Wiedersehen 1
tot zo bis gleich 1
traditioneel traditionell 6
trakteren einladen 6
tram, de Straßenbahn 3
trein, de Zug 1
trui, de Pullover 11
T-shirt, het T-Shirt 11
tulp, de Tulpe 11
twaalf zwölf 1
twee zwei 1
tweede zweite/r/s 5
tweepersoonsbed, het Doppelbett 4
tweepersoonskamer, de Zweibettzimmer 4
twintig zwanzig 2
typisch typisch 7

U

u Sie 1
uit aus 2
uitchecken auschecken 5
uiteindelijk schlussendlich 8
uitgerekend ausgerechnet 10
uitschakelen ausschalten 8
uitstaan *hier:* ausgeschaltet sein 8
uitstappen aussteigen 3
uitstekend ausgezeichnet 5
underscore, de Unterstrich 8
USB stick, de USB-Stick 8
uur, het Uhr, Stunde 3
uw Ihr/e 2

V

vader, de Vater 2
vakantie, de Ferien, Urlaub 2
vakantiehuis, het Ferienhaus 4
vallen fallen 12
van von 2
van ... tot ... von ... bis ... 4
vanaf von, ab 4
vanavond heute Abend 5

vandaag heute 3
vandaan her, heraus, hervor 10
vanmorgen heute Morgen 5
vannacht heute Nacht 5
veel: veel geluk viel: viel Glück 1
veertien vierzehn 1
veertig vierzig 4
vegetariër, de Vegetarier / Vegetarierin 7
ventilator, de Ventilator 5
ver weit 3
verbranden verbrennen 12
verder: verder nog iets? weiter, sonst: darf's sonst noch etwas sein? 11
verdieping, de Stock(werk) 5
verkeerd: koffie verkeerd, de verkehrt, falsch: Milchkaffee 6
verkeerslicht, het Ampel 6
verkoper / verkoopster, de Verkäufer / Verkäuferin 2
verkoudheid, de Erkältung 12
verliezen verlieren 9
verloofd verlobt 2
verloofde, de Verlobter / Verlobte 1
verpleger / verpleegster, de Krankenpfleger / Krankenschwester 2
verrekking, de Zerrung 12
vers frisch 7
verschil, het Unterschied 9
verschillend verschieden, unterschiedlich 6
verstopt verstopft 5
versturen (ver)schicken 9
vertegenwoordiger / vertegenwoordigster, de Vertreter / Vertreterin 2
vertellen erzählen 12
vertraging, de Verspätung 3
vertrekken abfahren, weggehen 3
vervelend ärgerlich 1
vervoerbewijs, het Fahrkarte, Ticket 10
verwarming, de Heizung 5
verzekering, de Versicherung 2
via über, via 4

vier vier 1
vierde vierte/r/s 5
viersterrenhotel, het Viersternehotel 4
vijf fünf 1
vijfde fünfte/r/s 5
vijftien fünfzehn 2
vijftig fünfzig 4
vinden finden, meinen 7
vis, de Fisch 6
visgerecht, het Fischgericht 6
Vlaams, het Flämisch 1
Vlaams flämisch 1
vlakbij in der Nähe 3
vlees, het Fleisch 7
voelen: zich voelen fühlen: sich fühlen 12
voet, de: te voet Fuß: zu Fuß 3
voetbal, het Fußball *(Spiel)* 10
voilà VL hier ist er/sie/es, bitte schön 8
vol voll 5
volgeboekt ausgebucht 5
volgend folgende/r/s, nächste/r/s 3
volgens mij … meiner Meinung nach … 11
volpension, het Vollpension 5
voor für 2
vooral vor allem 12
voorgerecht, het Vorspeise 7
voorschrift, het VL Rezept *(Arzt)* 12
voorschrijven verschreiben 12
voorstellen vorstellen 1
vork, de Gabel 7
voucher, de Voucher 5
vraag, de Frage 12
vragen fragen, bitten, verlangen 3
vriend / vriendin, de (fester) Freund / (feste) Freundin 1
vriendelijk freundlich 5
vrij frei, recht, ziemlich 2
vrijdag, de Freitag 5
vrouw, de (Ehe-)Frau 1
vrouwelijke arts / dokter, de Ärztin 12
VVV, de Touristeninformation 3

W

waaien winden, wehen 10
waar? wo? 3
waar … heen / naartoe? wohin? 10
waar … vandaan? woher? 10
waarom? warum? 2
waarschijnlijk wahrscheinlich 12
wachten warten 8
wachtruimte, de Wartesaal 3
wachtwoord, het Passwort 8
wandelen spazieren gehen, laufen 1
wandeling, de Spaziergang 1
wandelkaart, de Wanderkarte 11
wanneer wann 3, 10
warm warm 5
wat? was? 1
wat etwas 11
wat jammer! wie schade! 6
wat leuk je terug te zien! schön, dich wiederzusehen! 8
water, het Wasser 5
waterspoeling, de Wasserspülung 5
wc, de Toilette 5
wc-papier, het Toilettenpapier 5
we *(unbetont)* wir 3
webcam, de Webcam 8
week, de Woche 6
weekend, het Wochenende 6
weekpas, de Wochenkarte 10
weer, het Wetter 10
weg weg 3
wel wohl, doch, schon 3
welk welche/r/s 3
welkom willkommen 1
Wenen Wien 2
wensen: wenst u anders nog iets? wünschen: darf's sonst noch etwas sein? 7
wereldtaal, de Weltsprache 1
werk, het Arbeit 2
werken arbeiten, funktionieren 2
wesp, de Wespe 12
weten wissen 3
wie? wer? 1
wifi, de WLAN 8
wij *(betont)* wir 3

wijd weit, breit 11
wijn, de Wein 6
willen wollen 4
wind, de Wind 10
winkel, de Laden, Geschäft 2
winkelen einkaufen *(eher für Kleider, Schuhe etc.)* 11
wisselen wechseln 6
wit weiß 7
witte wijn, de Weißwein 6
woensdag, de Mittwoch 5
wonen wohnen 2
worden werden 10

Y

yoghurt, de Joghurt 11

Z

zalf, de Salbe 12
zaterdag, de Samstag 5
ze *(unbetont)* sie 1
zee-egel, de Seeigel 12
zeezicht, het Meerblick 5
zeggen sagen 3
zegt u het maar! was darf's denn (für Sie) sein? 7
zeker sicher 8
zekerheid, de Sicherheit 12
zelf selbst 7
zelfs sogar 10
zes sechs 1
zesde sechste/r/s 5
zestien sechzehn 2
zestig sechzig 4
zeven sieben 1
zevende siebte/r/s 5
zeventien siebzehn 2
zeventig siebzig 4
zich sich 5
ziek krank 1
ziekenhuis, het Krankenhaus 12
ziekteverzekering, de Krankenversicherung 12
zien sehen 3
ziezo hier ist er/sie/es, bitte schön 8
zij *(betont)* sie *(Subjektpronomen)* 1
zijn sein *(Verb)* 1
zitten: gaat u zitten! sitzen *(auch Kleidung)*: setzen Sie sich! 11
zo so; gleich, sofort 1; 12
zoals wie 6
zoeken suchen 3
zoen, de Kuss 9
zon, de Sonne 9
zondag, de Sonntag 5
zonder ohne 9
zonnesteek, de Sonnenstich 12
zonnig sonnig 10
zoon, de Sohn 2
zorg, de Sorge 5
zout, het: het is te zout Salz: es ist versalzen 7
zoveel so viel 10
zozo so lala 1
zuigtablet, de Lutschtablette 12
zullen werden, würden, sollen 7
zus, de Schwester 1
zwaar schwer 7
zwak schwach 8
zwart schwarz 8
zwembad, het Schwimmbad 4
Zwitser / Zwitserse, de Schweizer / Schweizerin 2
Zwitserland Schweiz 2

Quellenverzeichnis

Cover: © Getty Images/E+/Pekic

Fotos Innenteil:
S. 4: © Getty Images/iStock/MichaelUtech
S. 6: beide Fotos © Hueber Verlag-Archiv
S. 7: © Getty Images/E+/LeoPatrizi
S. 8: © Getty Images/iStock/AndreyKrav
S. 9: © Getty Images/E+/laflor
S. 10/11: © Getty Images/iStock/ivotheeditors
S. 12: © fotolia/Franz Pfluegl
S. 13: links © Getty Images/E+/Eva-Katalin, rechts © Getty Images/iStock/Dragan Grkic
S. 14: © Getty Images/iStock/Olena_Znak
S. 15: © fotolia/CandyBox Images
S. 16/17: © Getty Images/iStock/pigprox
S. 18/19: © Getty Images/iStock Unreleased/tunart
S. 20: © Getty Images/iStock/Halfpoint
S. 21: links © 2xSamara.com - stock.adobe.com, rechts © fotolia/andreas reimann
S. 22: © Getty Images/iStock/AndrijTer
S. 23: www.cartomedia-karlsruhe.de
S. 24/25: © Getty Images/iStock/RudyBalasko
S. 26/27: © Getty Images/E+/AleksandarGeorgiev
S. 28: © Getty Images/iStock/Olena_Znak
S. 29: links © Getty Images/iStock/mammuth, rechts © Getty Images/iStock/Allard1
S. 30: © Getty Images/iStock Unreleased/argalis
S. 31: © Getty Images/OJO Images/Robert Daly
S. 32: © Getty Images/iStock/MarioGuti
S. 33: © rh2010 – stock.adobe.com
S. 34: © Getty Images/iStock/thehague
S. 35: © Getty Images/iStock/macniak
S. 36: © Cla78 – stock.adobe.com
S. 37: oben © iStock/jeancliclac, unten © Getty Images/iStock/tzahiV
S. 38: © Getty Images/iStock/emicristea
S. 39: © Thinkstock/iStock/jjmm888
S. 40/41: © Getty Images/iStock//PEDRE
S. 42/43: © Getty Images/iStock/sara_winter
S. 44: © Getty Images/iStock/Nikada
S. 45: oben © Elisabeth - stock.adobe.com, unten © Getty Images/iStock/querbeet
S. 46: © Getty Images/iStock/A-Basler
S. 47: © Monkey Business – stock.adobe.com
S. 48/49: © Frankix – stock.adobe.com
S. 50/51: © Getty Images/iStock/MichaelUtech
S. 52: © Getty Images/E+/funky-data
S. 53: links © Getty Images/iStock/PicturePartners, rechts © Getty Images/iStock/Casarsa
S. 54: © mila103 – stock.adobe.com
S. 57: © Getty Images/Pixland/Jupiterimages
S. 58: © Getty Images/iStock/SL_Photography
S. 59: © Getty Images/iStock/from_my_point_of_view
S. 60: © Getty Images/iStock/AnnekeDeBlok
S. 61: © Getty Images/iStock/KavalenkavaVolha
S. 62: Sofie Melis, Versoix
S. 63: links © Yingko – stock.adobe.com, rechts © Getty Images/iStock/sara_winter
S. 64: © Getty Images/iStock/querbeet
S. 65: © Getty Images/iStock/RossHelen
S. 66/67: © Getty Images/iStock/JacobH
S. 68/69: © Getty Images/iStock/Jared_Sislin_Photography
S. 70: © Getty Images/E+/funky-data
S. 71: oben © Getty Images/iStock/julief514, unten © Getty Images/Purestock
S. 72: © Getty Images/E+/cdwheatley
S. 73: links oben © Getty Images/E+/Opla, links unten © Getty Images/iStock/sorincolac, rechts © Yasonya – stock.adobe.com
S. 74/75: © Getty Images/E+/funky-data
S. 76/77: © Dmitry Rukhlenko – stock.adobe.com
S. 78: © Getty Images/iStock/dropStock
S. 79: links © Getty Images/iStock/Mauvries, rechts Getty Images/iStock/AnjoKanFotografie
S. 80: © Getty Images/iStock/CreativeNature_nl
S. 81: links oben © artfocus – stock.adobe.com, links unten © Getty Images/iStock/Zwilling330, Mitte © Getty Images/iStock/catolla, rechts oben © Getty Images/iStock/dennisvdw, rechts unten © Getty Images/iStock/querbeet
S. 82/83: © Getty Images/E+/funky-data
S. 84/85: © Getty Images/iStock Editorial/mareandmare
S. 86: © Getty Images/iStock/MarioGuti
S. 87: links © Getty Images/iStock/36clicks, rechts © Getty Images/iStock/anatols

S. 88: © Getty Images/iStock/Allard1
S. 89: © Getty Images/iStock/dimychsun
S. 90: © Aleksandar Mijatovic – stock.adobe.com
S. 91: © Getty Images/iStock/adisa
S. 92/93: © Getty Images/E+/Solstock
S. 94: © Getty Images/Ingram Publishing
S. 95: oben ©.shock – stock.adobe.com,
unten © Getty Images/iStock/anatols
S. 96: © PiXXart Photography - stock.adobe.com
S. 97: © Thinkstock/iStock/PIKSEL
S. 98/99: © Getty Images/iStock/KavalenkavaVolha
S. 100/101: © Mikhaylovskiy - stock.adobe.com
S. 102: © iStockphoto/diego cervo
S. 103: links © Getty Images/iStock/Ignatiev,
rechts © fotolia/CandyBox Images
S. 104: © Getty Images/iStock/Ignatiev

Bildredaktion: Cornelia Hellenschmidt, Hueber Verlag, München

Inhalt der MP3-Dateien:

Sprecherinnen und Sprecher: Desiree Dibra, Herman van Ulzen, Katrien Vertommen, Thomas Westerbeek van Eerten
Produktion: Atrium Studio Medienproduktion GmbH, 81379 München

Notizen

Notizen